René Simmen

Geheimnisse der Hexenküche

Edition René Simmen
im B. Werzinger Verlag, München

Vom gleichen Autor sind erschienen:
AUS DES TEUFELS KÜCHE
WENN DIE ENGEL KOCHEN

Printed in Germany
Gesamtherstellung: Sulzberg-Druck GmbH, Sulzberg im Allgäu
ISBN 3-88833-006-8

Es war recht seltsam: als ich erwachte, standen zauberhafte Gestalten um mein Bett und ein Duft wie Amber und Ebenholz erfüllte den Raum. „Wie kommst Du dazu, unsere Geheimnisse zu verraten?“, fragte die schönste der Hexen mit sanfter Stimme und trat wie die andern Hexen näher. „Oh“, antwortete ich beunruhigt und besänftigend, „verraten werde ich kein Geheimnis, das Euch, Ihr Lieben und Schönen, schaden könnte. Weshalb ich über Eure Kochkünste schreibe, hat zwei Gründe. Zum einen möchte ich einige jahrhundertalte Vorurteile über Eure Küche abzubauen versuchen. Zum andern gibt es mir die Möglichkeit, einer hoffentlich großen Lesergemeinde Gutes über Euer wahres Wesen mitzuteilen.“ „Nun gut“, sagte die schönste der Hexen und wandte sich mit ihren Gefährtinnen dem Fenster zu. „Denke aber daran“, sprach sie, bevor sie zum Flug ansetzte, „daß alles, was Du schreibst, nur Du zu verantworten hast. Du kennst unsere Gesetze!“

ZU DIESEM BUCH

Hexen sind Frühaufsteher, sie sind klein[1]. Sie haben rote Haare und grüne Augen[2]. Doch gibt es auch andere Hexen: Bucklig, triefäugig, humpelnd, hakennasig, lückenzahnig. So kennen wir sie aus dem Märchen, aus Hexenprozessen und Bilddokumenten der damaligen Zeit. Nur einige Künstler wie Albrecht Dürer (1471–1528) und Urs Graf (ca. 1485–1529) und wenig andere wußten schon damals, daß Hexen sehr schön sein können.

Denn Hexen sind so, wie wir sie uns denken. Sie sind Wahrheit und Schimäre zugleich.

So, wie wir sie sehen, ist auch ihre Kochkunst. Jene, welche die Hexen häßlich und böse sahen, glaubten auch an Hexenspeisen aus Kröten und Schlangen, Kindsleichen, Eulen, Fledermäusen, Harn und anderen unappetitlichen Dingen mehr.

Daß die Hexen anders kochten und aßen, ist belegt. Wenn wir davon ausgehen, daß der Grundgedanke der Hexenreligion der ist, sich mit

---

[1] *s. Kinderreim „Morgen früh um Sex', kommt die kleine Hex' …“*
[2] *„allgemeine Volksmeinung.“ Umfrage PRW, 1980.*

der Natur zu identifizieren und in der Natur aufzugehen, können wir uns vorstellen, daß die von den Hexen bevorzugten Gerichte und deren Zutaten ihrem Wesen entsprechend keine genormten Produkte des jetzigen Lebensmittelmarktes sind. Viele der den Hexen zugeschriebenen Nahrungsmittel, Kräuter und Gewürze haben für sie eine besondere, zum Teil magische Bedeutung. Auf den Seiten 5 bis 7 sind die in der Hexenküche bevorzugt verwendeten Würz- und Nahrungsmittel im Einzelnen vorgestellt.

Und die Rezepte selbst? Es wäre verlockend, hier nun jene Gerichte aufzuführen, die in angeblichen Hexen-Zirkeln der Jahrhundertwende und der 20er Jahre der damaligen Schickeria in Berlin, London, New York und Paris in silbernen Schüsseln auf schwarzseidenen Tischtüchern zelebriert wurden. Die Speisen hatten mehr oder weniger attraktive oder makabre Bezeichnungen wie Gefüllter Mönch (Moine bourru), Gehenkten-Kaviar, Märia-Herzschnitten usw.

Zu den Hexenspeisen passen weder Silberschüsseln noch schwarzer Satin, sondern Tontöpfe und Steingutgeschirr, denn in ihrer Grundbasis sind sie eher einfach. Einige der hier gesammelten Rezepte werden dem Leser auch bekannt sein. So wie viele Volkslieder und -weisen altes Hexengut sind, sind viele Volksspeisen hexerischen Ursprungs.

Es bleibt nun dem Leser vorbehalten, durch Beigabe bestimmter Kräuter und andern Zutaten die Grundgerichte nach seinem Sinn zu verändern. Die Hinweise auf den Seiten 5 bis 7 sowie die Kommentare zu gewissen Rezepten können dazu eine Hilfe sein. Und wer es mag, kann auch, wie vorstehende Beispiele zeigen, die Sachnamen der Rezepte durch phantasievollere Bezeichnungen ersetzen.

Noch etwas: Die Hexenküche ist international, denn Hexen kennen keine Sprach-, Landes- und Kulturgrenzen. Sie sind die wahren Welt- und Weltenbürger.

René Simmen

SÄEN UND ANPFLANZEN

Es wird gesagt, daß der Mensch bei zunehmendem Mond weiser werde.

- Wenn Du etwas planst, dann bei zunehmendem Mond.
- Wenn Du Samen säst oder Kräuter anpflanzest, dann bei zunehmendem Mond. Dies gilt auch für das Umpflanzen.

Merke Dir weiter:

- Niemals Kräuter zweimal an derselben Stelle aussäen; ein scharfes Kraut soll mit einem milden abwechseln.
- Säe reichlich, den Worten gedenkend, daß von drei Samen nur einer wachsen wird.
- Säe nackt; oder zumindest ungegürtet und barfuß: Wenn Du die Kälte des Bodens erträgst, wird der Samen die Erde ebenfalls ertragen.

Desgleichen wird geraten, nackt oder ungegürtet und barfuß eine Pflanze zu pflücken oder auszugraben.

- Sprich mit den Pflanzen; wenn Du sie pflückst, sag ihnen, wofür sie gebraucht werden.
- Es ist die Regel, magische Pflanzen mit der linken Hand zu pflücken.
- Pflücke nie gegen den Wind.
- Pflücke vor Sonnenaufgang bei abnehmendem Mond.

IN DER HEXENKÜCHE MIT VORLIEBE VERWENDETE UND WOMÖGLICH AN VORRAT ZU HALTENDE …

… Küchenkräuter und -gewürze

(mit anregender Wirkung)

Anis
Basilikum
Ingwer
Kardamon
Kümmel
Kurkuma
Liebstöckel
Majoran
Melisse
Minze (Pfefferminze)
Muskat
Nelke
Petersilie
Pfeffer
Rosmarin
Safran
Salbei
Senf
Thymian
Vanille
Zimt

(mit dämpfender Wirkung)

Bärlauch
Dill
Koriander
Knoblauch

Giftpflanzen wie Alraune, Bilsenkraut, Stechapfel, Tollkirsche usw. auf Seite 78.

… Früchte, Beeren, Nüsse

Äpfel
Birnen
Brombeeren
Bucheckernüsse
Datteln
Erdbeeren (Wald-)
Feigen
Haselnüsse
Heckenrosen (Hagenbutte)
Heidelbeeren
Himbeeren
Johannisbeeren (schwarze)
Kastanien
Kirschen
Mandeln
Orangen
Pfirsiche
Pflaumen
Pinien
Pistazien
Quitten
Sanddorn
Schlehdorn
Wacholder
Wal- bzw. Baumnüsse
Zitronen

Cabegeth. Gerösts. Verdämpfft. Gebratens vff kolen. Gebraten am spiss.

… Gemüse

(mit eher anregender*, bzw. dämpfender° Wirkung)

Artischocken*
Auberginen*
Bohnen (Trocken-)*
Brennessel*
Chicorrée (Brüsseler Endivie)
Endivien*
Erbsen (machen fruchtbar)*
Fenchel*
Gurke
Kartoffel
Kohl
Lattich°
Lauch/Porree*
Linsen („benehmen die unkeuschen Gelüste")°
Löwenzahn*
Kresse*
Melone
Pilze allgemein
Rettich*
Rüben (insbesondere Mohrrüben)*
Salat°
Sauerampfer°
Sauerkraut*
Sellerie*
Spargel*
Trüffel*
Zwiebel*

… Getränke

s. Seite 68

… sonstige Nahrungsmittel

Austern und sonstiges Meergetier, Kaviar/Fischrogen, sowie gewisse Fische. Schnecken.

Wild (insbesondere Hase und Wildschwein)

Eier, Honig

Geflügel (insbesondere Huhn und Ente)

Innereien wie Herz, Leber, Kutteln (Kaldaunen), Lunge, Niere, Milz, Bries, Hirn, Magen, Zunge, Schlund; im weitern Sinne auch Rückenmark, Hoden und Euter; aber auch Hahnenkämme, Hühnermägen, Hühner- und Entenfüße usw.

Leinsamen („mit Honig und Pfeffergemisch läßt den kalten Mann wieder aufleben"), Mohnsamen, Sesamsamen

Purgierung. Verstopffung. Geburt werck. Sam. Zän artzney. Trunckenheyt.

A rebours: *Die Umkehrung aller Werte, die durch das Gesetz oder durch Konventionen geheiligt sind; bei der Hexe sind alle Verhältnisse umgekehrt. Das Oberste ist zuunterst, was rechts ist wird links, was vorne ist wird zum Hinten. Das bezieht sich auch auf die Darstellung oder Handhabung bei rituellen Handlungen: Sonne und Mond (s. unten) werden umgekehrt dargestellt, wenn die Hexe aus dem Zauberbuch liest, hält sie es verkehrt; beim Hexenflug werden die Hexen oft umgekehrt sitzend auf Besen, Ziegenbock usw. gezeigt.*

APFELSUPPE

Apple-Soup (Schottland)

300 Gramm Boskop
gut 1 Liter starke Rindsbouillon
1 knapper Teelöffel gemahlener Ingwer
schwarzer Pfeffer

Schäle die Äpfel, entkerne sie und schneide sie in Viertel. Gib sie in die kochende Bouillon. Wenn die Äpfel weich sind, mit der Bouillon im Mixer pürieren. Ingwer zugeben. Nochmals aufkochen. Mit Pfeffer abschmecken.

ARTISCHOCKENFLAN

6 mittelgroße Artischockenböden
etwas Zitronensaft
etwas Mehl
3 Deziliter Sonnenblumen- oder Erdnußöl
etwas Butter
4 Eier
1/2 Deziliter Rahm
Salz, weißer Pfeffer, Muskatnuß

Schneide die Artischockenböden in etwa 2 mm dünne Scheiben, beträufle sie mit etwas Zitronensaft. Tupfe sie dann trocken, bestäube sie mit Mehl und backe sie in sehr heißem Ofen gold-gelb-knusprig, lasse sie auf Küchenpapier das Öl abtropfen. Lege dann mit ihnen eine feuerfeste, ausgebutterte Form aus ● Verklopfe die Eier mit dem Rahm, schmecke mit Salz, Pfeffer und Muskatnuß ab. Gieße die Ei-/Rahmmischung über die Artischocken und lasse den Flan im Ofen bei 180°C knapp 20 Minuten garen.

AUBERGINEN GESCHMORT, MIT ZWIEBELN UND TOMATEN

Imam Bayildi (Türkei)

Für 8 Personen:
4 Auberginen, der Länge nach halbiert
4 Eßlöffel Salz
3 Deziliter Öl
600 Gramm Zwiebeln, gehackt
4 Knoblauchzehen
250 Gramm reife Tomaten, geschält und in Würfel geschnitten
Salz, Pfeffer, Zucker
1 Büschel Petersilie, gehackt

Schneide bei jeder Auberginen-Hälfte ringsum mit dem Schäler einen breiten Streifen ab, auf der Schnittseite schneidest Du das Fruchtfleisch gitterförmig ein. Gib kräftig Salz darüber und lasse 30 Minuten lang Wasser ziehen ● Dämpfe unterdessen Zwiebeln und Knoblauch im Öl, wenn sie glasig sind, gib die Tomaten bei. Würze mit Salz, Pfeffer und einer Prise Zukker, mische Petersilie darunter ● Spüle die Auberginen unter fließendem Wasser ab. Trockne sie mit Küchenpapier und richte sie in einer flachen, mit Öl ausgepinselten Form an. Verteile darüber das Zwiebel-/Tomatengemüse. Gieße nun etwa 2 Deziliter heißes Wasser in die Form, decke diese mit Alufolie ab. Gib die Auberginen in den Ofen und lasse sie bei etwa 180°C eine Stunde garen. Serviere sie lauwarm oder kalt.

Gina Morani in Catania/Sizilien bereitet ein ähnliches Gericht zu. Sie läßt das Zwiebel-/Tomatengemisch zu einer dicken Sauce einkochen, die sie mit Sardellenpaste würzt. Die Sauce wird ebenfalls auf die Auberginen gestrichen, dann gibt Gina Morani noch frisch geriebenen Parmesan darüber. Im Ofen garen lassen.

AVOCADOSUPPE

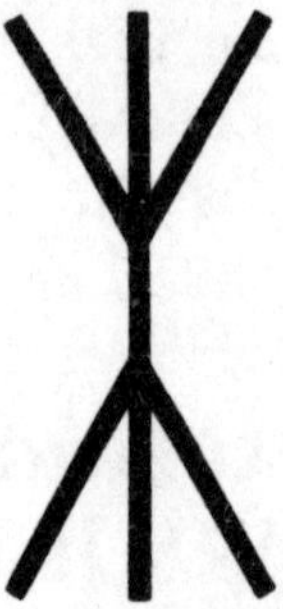

Sopa de Aguacate (Mexiko)

2–3 Avocados
1 1/2 Deziliter Rahm
8 Deziliter Hühnerbouillon
1/2 Deziliter helles Bier
weißer Pfeffer, Salz
4 dünngeschnittene Limonen- oder Zitronenscheiben

Die Avocados schälen, würfeln; im Mixer mit dem Rahm pürieren. Koche die Bouillon kurz auf. Nimm sie vom Feuer und rühre mit dem Schwingbesen das Avocado-Püree und das Bier hinein. Schmecke mit Pfeffer und Salz ab ● Die Suppe servierst Du eiskalt, mit den Limonenscheiben garniert.

BARBE, GEFÜLLT

1 Barbe von etwa 1,8 Kilo
Saft von 1/2 Zitrone
2 Eier
2 Eßlöffel geriebenes Weißbrot
1 Eßlöffel feingehacktes Fenchelkraut oder Dill
1 Eßlöffel feingehackte Petersilie
1 Prise Knoblauchsalz
1 Gläschen Aquavit, Steinhäger oder Wodka
etwas Butter
1 Tasse Rahm
1 Tasse dunkles Bier

Das Bauchinnere der Barbe mit Zitronensaft beträufeln ● Verarbeite dann Eier, Brot, Kräuter, Knoblauchsalz und Schnaps zu einer Farce. Fülle damit den Fisch und lege ihn in eine gut ausgebutterte Form. Gieße Rahm und soviel Bier darüber, daß die Barbe knapp zu einem Drittel bedeckt ist. Lege Alufolie darüber und gib die Form in den auf 160 Grad vorgeheizten Ofen ● Übergieße den Fisch nach etwa 12 Minuten mit Saft. Lasse fertig garen.

Bannkreis: *Er wird von Geisterbeschwörern und Schatzhebern benutzt zur Beschwörung der guten und zum Fernhalten der bösen Geister; er findet vielfach Anwendung bei heutigen Hexenveranstaltungen. Der Durchmesser des Kreises ist etwa 9 Fuß. Mit der Eisenspitze des magischen Schwertes werden vier konzentrischen Kreise wie auch magische Worte und Zeichen in den Boden geritzt. In die Mitte wird das Hexagramm gezeichnet.*

Baum: *eines der bedeutungsreichsten Symbole. Als Lebensbaum (s. links) vereinigt er als Sinnbild des ewigen Daseins die beiden Runen „Man“ (das Männliche – der Mensch, der seine Hände zu den göttlichen Mächten emporhebt) und „Yr“ (das Weibliche – in ihm wurzelt das überlieferte Wissen der Vorfahren); das „Yr“ gilt vielfach als Symbol für die bösen Kräfte der Hexe.*

Beltane, Roodmas oder Walpurgisnacht: *Dieses Fest beginnt am Vorabend zum 1. Mai. Frühling und Mond werden willkommen geheißen. Die Hexen segnen die erwachende Natur und die Befreiung des Wassers aus seinem Eisgefängnis. Freudenfeuer auf Hügeln, Tänze und ein köstliches Mahl sind Teile des Festes, das bis in den Morgen dauert; beim Abschied wird Tau gesammelt. – In dieser Nacht wird dem Element Erde gedacht.*

Besen/Bock: *Auf beiden werden die Hexen reitend dargestellt. Der Besen wird heute meist als phallisches Symbol gedeutet; in alten Zeiten wurde er als kultisches Gerät verstanden zur symbolischen Reinigung der Tempel. Der Ziegenbock wird häufig als die Verkörperung der männlichen Sexualkräfte oder Wollust gesehen.*

BIERKRAUT

(Elsaß)

1 Krautkopf von etwa 800 Gramm
3 Eßlöffel Butter
1/2 Liter helles Bier
je 1 gute Prise Salz, Kümmel und Pfeffer

Entferne Stiel und Außenblätter des Krautkopfs und schneide ihn in Streifen. Dünste diese unter stetem Wenden in der Butter an, gib das Bier und die Gewürze dazu und lasse auf kleiner Flamme zugedeckt köcheln, bis das Kraut gar ist ● Serviere es zu gebratener Gans, Ente und Schweinefleisch.

BIERSUPPE

Okroschka (Rußland)

2–3 hartgekochte Eier
1/8 Liter Sauerrahm
1 Teelöffel Senf
3/4 Liter abgestandenes Bier oder Kwass
1 Gurke, in Würfel geschnitten
2 Eßlöffel feingeschnittene Frühlingszwiebeln oder Schalotten
150 Gramm Siedfleisch, in Würfel geschnitten
2 Eßlöffel feingehackte Petersilie
Salz, Zucker

Streiche mit einem Löffel die Eier durch ein Sieb in eine Schüssel. Gib dann unter Rühren Sauerrahm, Senf, Salz und etwas Zucker hinzu. Gieße unter Schlagen mit dem Schneebesen das Bier hinzu. Füge Fleisch, Gurke und Zwiebeln bei. Kalt stellen ● Vor dem Auftragen aufrühren, abschmecken und mit Petersilie bestreuen. Schmeckt gut mit dunklem Brot.

K. R. Dscharachochow erwähnt, daß bei Festivitäten im alten St. Petersburg der Suppe jeweils Wild statt Siedfleisch beigegeben wurde.

BOHNENSUPPE

Potage de Féves (Haiti)

600 Gramm schwarze Bohnenkerne
200 Gramm Speck, gewürfelt
2 Eßlöffel Schweinefett oder Öl
4 gehackte Zwiebeln
3 Knoblauchzehen, durchgepreßt
2 Karotten, klein gewürfelt
1 kleiner Sellerie, klein gewürfelt
2 grüne Paprikaschoten/Peperoni, in Streifen geschnitten
1 Eßlöffel Mehl
2 Eßlöffel Tomatenpüree
2 Lorbeerblätter
Chilipfeffer, milder Paprika
Butter
1 kleines Glas weißer Rum

Weiche die Bohnen über Nacht ein. Setze dann die Bohnen mit dem Speck in neuem Wasser auf, lasse alles etwa 3 Stunden köcheln ● Ziehe unterdessen die Gemüse gut an, bestäube sie mit Mehl, gib sie mit dem Tomatenpüree in die Bohnen. Würze mit Lorbeer, Chili und Paprika. Lasse alles eine weitere Stunde kochen, streiche die Suppe durch ein feines Sieb. Butter unterrühren, mit Rum abschmecken.

Candlemas oder Brigid/Lichtmess: *Wenn zu Candlemas, vom 1. auf den 2. Februar, die Nacht hereinbricht, werden Kerzen und Lampen angezündet und draußen im Freien brennen die Freudenfeuer. Das Motiv des Festes ist uralt: Die Sonne wird ermutigt, noch rascher dem Winter ein Ende zu bereiten. In Skandinavien schmücken Kronen aus brennenden Kerzen die Häupter der Zelebrierenden; Gesänge ermuntern die Sonne, näherzukommen, und die Erde mit ihrer Kraft und ihrem Licht zu erwärmen und zu erhellen. – In dieser Nacht wird dem Element Wasser gedacht.*

CROSTINI

Crostini di fegatini (Toskana)

Als kleine Vorspeise für 6–8 Personen:
300–400 Gramm Hühnerleber
$^1/_2$ Eßlöffel Mehl
3–4 Scheiben Frühstückspeck
2 Eßlöffel Butter
1 Zwiebel, gehackt
2 Eßlöffel gehackte Petersilie
etwas Weißwein
Zitronensaft
Salz und Pfeffer
8–12 Scheiben Toastbrot

Die Leber in Stücke schneiden, mit Mehl bestäuben. Schneide dann den Speck in Stückchen, brate sie in der Pfanne kurz aus, gib dann die Butter und die Zwiebeln hinzu, brate sie glasig. Gib die Petersilie dazu. Stelle die Pfanne beiseite ● Röste die Toastscheiben im Ofen knusprig (innen müssen sie noch weich sein) und halte sie warm ● Gib die Pfanne wieder aufs Feuer. Wende die Leber in den Zwiebeln, gieße Weißwein und Zitronensaft dazu, lasse zugedeckt knappe 2 Minuten auf kleinem Feuer schmoren ● Würze mit Salz und Pfeffer und verteile alles über die noch warmen Toastscheiben. Sofort auftragen.

Giano Marcolungo verzichtet auf den Speck; der Leber gibt er gehackte Kapern sowie feingeschnittene Salbeiblätter bei.

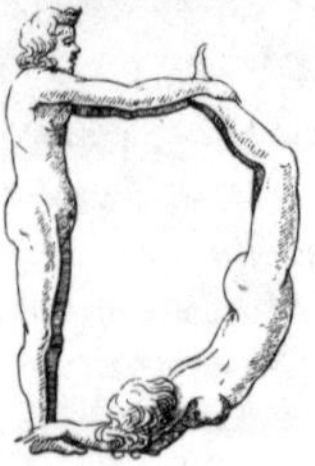

Dreieck: *Das gleichseitige Dreieck ist das Zeichen für Harmonie, vielfach auch für Gott. – Mit der Spitze nach oben ist das Dreieck ein Symbol des Feuers und der männlichen Zeugungskraft, mit der Spitze nach unten das Symbol des Wassers und für den gebärenden Schoß, das weibliche Element der Welt. Werden die beiden Elemente ineinandergeschoben, entsteht eine Verbindung der schöpferischen und gebärenden Kräfte (s. auch Hexagramm und Elemente).*

DREIERLEISUPPE

(Senegal)

für 9–12 Personen
3 Karotten, fein gehackt
3 Stangen Bleichsellerie, fein gehackt
3 Schalotten, fein gehackt
3 Stangen Lauch, fein gehackt
150 Gramm eingesottene Butter (Butterschmalz)
3 Liter Hühnerbouillon
180 Gramm fein geschnittenes Hühnerfleisch
1 1/2 Äpfel, geschält und in Würfelchen geschnitten
6 Eßlöffel milder Curry
2 Teelöffel Maisstärke
6 Eigelb
1 1/2 Tassen Rahm oder Joghurt
Zitronensaft, Salz, weißer Pfeffer

Ziehe das Gemüse in der Butter an, gib die Apfelwürfelchen und den Curry dazu. Rühre die Maisstärke in die Bouillon und gieße diese zum Gemüse. Unter Rühren zum Kochen bringen, dann eine Stunde leise köcheln lassen ● Brate unterdessen das Fleisch und schneide es, wenn es erkaltet ist, in feine Streifen ● Gieße die Suppe durch ein Sieb, drücke mit der Kelle das Gemüse an, so daß möglichst viel Saft in die Suppe geht ● Nun vermische in einer Tasse die Eigelb mit dem Rahm/Joghurt, gieße unter Rühren etwas Suppe hinzu und rühre dann die Mischung in die Suppe. Schmecke mit Zitrone, Pfeffer und Salz ab ● Gib das Fleisch in die Suppe und lasse sie abkühlen, wobei jeweils zu rühren ist, damit sich keine Haut bildet. Dann zudecken und in den Kühlschrank stellen. Die Suppe wird kalt serviert.

Elemente: *Die alten vier Elemente sind Erde, Feuer, Wasser, Luft. Ihnen gedenken die Hexen in der ersten Stunde zum 1. Mai (Erde[1]), am 1. August (Feuer[2]), am 1. Februar (Wasser[3]) und am 1. November (Luft[4]); mit ihnen versuchen sie sich zu identifizieren, um so zum Bestandteil der Schöpfung der großen Gottheit zu werden, die sich im jeweiligen Element manifestiert (s. auch Hexagramm und Viereck).*

EIER, BÜNDNERISCH

Conterser Bock (Engadin)

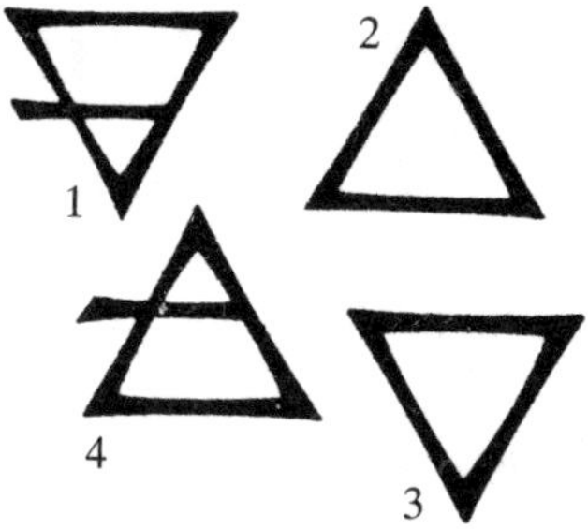

4 hartgesottene Eier (8 Minuten)
Backöl oder -fett zum Schwimmendbacken

für den Teig:

250 Gramm Mehl	2–3 Eier
1/4 Liter Milch	2 Teelöffel Salz

Für den Teig feuchte das Mehl mit der Milch an, füge Eier und Salz hinzu und rühre alles zu einem glatten, nicht allzu dünnen Teig. Lasse 1 Stunde ruhen ● Rühre dann nochmals auf und wende darin die geschälten Eier. Gib sie in das heiße Öl (ca. 180°C). Wenn sie hellbraun sind, werden sie nochmals im Teig gewendet und frittiert ● Wiederhole den Vorgang solange, wie Teig vorhanden ist oder der „Bock“ die von Dir gewünschte Größe erreicht hat ● Serviere mit einer Rotweinsauce oder Biersaucc (s. Seite 21) oder einer warmen Vinaigrette (s. Seite 38).

EIER, SCHOTTISCHE

350 Gramm Rinderhackfleisch
100 Gramm Schweinsbrät
4 Eßlöffel Paniermehl
1 große Zwiebel, fein gehackt
1/2 Bündel Petersilie
je 1 Eßlöffel Senf und Tomatenpüree
1–2 Knoblauchzehen, durchgepreßt
Salz, Pfeffer, Paprika
4 hartgekochte Eier, geschält
1 Eßlöffel Mehl
1 Ei, verquirlt
Öl zum Ausbacken

Mische 3 Eßlöffel Paniermehl mit allen andern Zutaten (ohne Mehl und Ei), würze mit Salz, Pfeffer und

Paprika, knete eine geschmeidige Masse. Teile diese in vier Portionen ● Wende die Eier in Mehl, umhülle sie mit der Hackfleischmasse, ziehe sie durch das Ei, wälze sie im Rest des Paniermehls. Brate oder backe sie in Öl etwa 6 Minuten lang ● Laß sie erkalten, halbiere sie und iß sie mit einem kleinen Salat.

EIER IN SCHNITTLAUCHSAUCE

8 Eier
2 mittelgroße Zwiebeln, fein gehackt
2 Eßlöffel Butter
1 Eßlöffel Mehl
2 1/2 Deziliter helles Bier
Streuwürze, weißer Pfeffer
1/2 Deziliter Rahm
4 Eßlöffel feingehackter Schnittlauch

Die Eier 9 bis 10 Minuten kochen, abschrecken, schälen, in heißem Wasser warm halten. ● Dünste in der Butter die Zwiebeln glasig. Bestäube sie unter Rühren mit Mehl, gieße unter Rühren das Bier bei, lasse alles zugedeckt gute 10 Minuten köcheln ● Streiche die Sauce dann durch ein Sieb, koche sie nochmals kurz auf und würze sie. Schlage den Rahm darunter, gib den Schnittlauch bei ● Halbiere die Eier und verteile sie auf einer vorgewärmten Platte. Gieße die Sauce darüber.

EIERSALAT MIT CHICORÉE

4 hartgekochte Eier, geachtelt
200 Gramm Chicorée (Endivie), in dünne Scheiben geschnitten
1 säuerlicher Apfel, gewürfelt
2 Gewürzgurken, in Scheiben geschnitten
1/2 Tasse schwarze Oliven
gehackte Kräuter nach Belieben

für die Sauce:
Saft von 1 Zitrone
je 1 Prise Zucker, Streuwürze und Pfeffer
etwas geriebener Meerrettich
etwas Knoblauchsalz (nach Belieben)

Alle Zutaten mit der Sauce vermischen, etwas ziehen lassen, kühl auftragen.

EIERPFANNKUCHEN MIT BIER

Grundrezept

pro Person:
1 1/2–2 Eßlöffel Weißmehl
1/2 Teelöffel Backpulver (nach Belieben)
1 Ei
Salz, bzw. Zucker
1–1 1/2 Deziliter helles Bier
Butterschmalz/eingesottene Butter

Die Zutaten der Reihe nach miteinander vermengen und mit dem Schneebesen tüchtig schlagen ● Eine halbe Stunde ruhen lassen. Vor dem Verwenden nochmals aufrühren. In wenig Butterschmalz/eingesottener Butter in flacher Pfanne backen ●
Diesen Pfannkuchen kannst Du sowohl mit Pikantem wie auch Süßem füllen. Für pikante Füllungen gibst Du dem Teig 1 Prise Salz, für süße eine gute Prise Zucker und wenig Salz bei.

ENTE MIT KIRSCHEN

1 Ente
Salz, Pfeffer
2 Eßlöffel Butter
1 Bündel Suppengrün, fein geschnitten
1–2 Teelöffel Thymian
1 Lorbeerblatt
2 Knoblauchzehen, halbiert
1 Eßlöffel Mehl
1/2 Flasche helles Bier
1 große Tasse entsteinte Herzkirschen

Die Ente innen und außen salzen und pfeffern, ringsum in der Butter anbraten, zugedeckt etwa 45 Minuten schmoren lassen ● Nimm dann die Ente aus der Kasserolle, stelle sie warm ● In die Kasserolle gibst Du nun Suppengrün, Lorbeer, Knoblauch und Thymian, dünste alles gut an, bestäube mit Mehl und lösche mit dem Bier ab. Gib die Ente ebenfalls in die Kasserolle und schmore sie nochmals etwa 10 Minuten ● Dann nimm sie heraus und lege sie auf eine vorgewärmte Platte. Gieße die Sauce durch ein feuchtes Tuch in ein kleines Pfännchen, gib die Kirschen hinein, koche kurz auf und gieße alles über die Ente.

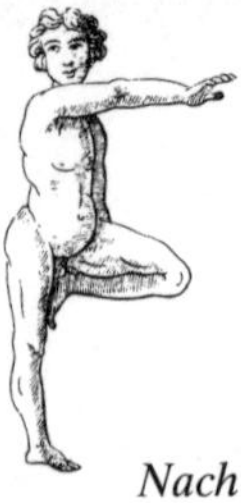

Feuer: *gilt in vielen Kulturen als heilig, reinigend und erneuernd. Vielfach wird es als Mittel zur Neugeburt und Läuterung gedeutet; pervertiert wurde es in diesem Sinne bei den Hexenverbrennungen angewandt.*
Fünfstern: *s. Pentagramm*

Nach dem Volksglauben des Mittelalters war der Salamander ein Elementargeist, der unbeschädigt im Feuer leben kann.

FISCHFILETS IN KRÄUTERSAUCE

600–700 Gramm Flunderfilets
Saft von 1/2 Zitrone
Salz, weißer Pfeffer
4 Deziliter trockener Weißwein
1 kleines Stückchen Ingwer
1/2 Lorbeerblatt, 1–2 Nelken
1/2 Lauch
2 Eßlöffel Butter
1 1/2 Deziliter Rahm
1 Eßlöffel Sardellenbutter (nach Belieben)
2–3 Sardellenfilets, fein gehackt
je 1 Büschel Petersilie und Schnittlauch, fein gehackt
1 Eßlöffel feingehacktes Fenchelkraut oder Dill

Die Fischfilets mit Zitronensaft beträufeln, etwa 30 Minuten ruhen lassen ● Unterdessen stellst Du den Backofen auf 160°C, gib den Wein mit Ingwer, Lorbeer, Nelken und Lauch in eine Pfanne, lasse zirka 20 Minuten leise köcheln ● Trockne dann die Filets mit Küchenpapier, salze und pfeffere, lege sie in eine flache, ausgebutterte Form. Gieße etwa 1 Deziliter Weißweinsud darüber, bedecke mit Alufolie und gebe die Form in den Ofen ● Den Sud in der Pfanne läßt Du etwa auf 2 Deziliter einkochen, nachdem Du vorher die Gewürze daraus entfernt hast. Dann schwingst Du flockenweise die Butter darunter. Unter Umrühren aufkochen lassen. Nun Rahm, Sardellenbutter und Sardellenfilets unterrühren, die Kräuter darunterziehen. Nach Belieben mit Pfeffer und etwas Pastis (Pernod o.ä.) abschmecken, über die Fischfilets gießen.

FISCHAUFLAUF

Moqueca de Peixe (Portugal und Brasilien)

600 Gramm Seelachs-Filets
Saft von 1 Zitrone
2 grüne Paprikaschoten/Peperoni, fein gewürfelt
3 Tomaten, geschält und geviertelt
3 Kartoffeln, in ganz feine Scheiben geschnitten
2 Zwiebeln, gewürfelt
1 Teelöffel oder mehr Koriander
1/2 Tasse Olivenöl

Die Filets abtrocknen, mit Zitronensaft beträufeln, 1/2 Stunde ruhen lassen ● Schneide sie dann in daumenbreite Streifen, lege sie in eine breite, mit Öl ausgestrichene Kasserolle, verteile das Gemüse darüber. Mit Salz, Pfeffer und Koriander würzen, das Öl darübergießen. Schiebe die Kasserolle in den Ofen und lasse das Gericht 40–45 Minuten bei Mittelhitze garen.

FISCH MIT POCHIERTEN EIERN

Haddyanegg (Wales)

4 Meerfischfilets (z.B. Schellfisch) zu je etwa 200 Gramm
Saft von 1/2 Zitrone
3–4 Tassen leicht gesalzenes Wasser
4–5 Pfefferkörner
2 Nelken; 1/2 Lorbeerblatt
1 Tasse Milch
4 verlorene Eier
1/2 Tasse gehackte, frische Kräuter (Petersilie, Schnittlauch, Melisse)
6 Eßlöffel Butter, zerlassen

Beträufele die Fischfilets mit Zitronensaft. Laß das Wasser aufkochen und gib die Milch, die Pfefferkörner, Lorbeer und Nelken bei. Lasse darin die Filets 12–15 Minuten mehr ziehen als kochen ● Lege sie dann auf eine heiße Platte, verteile die Eier darauf, überstreue sie mit den Kräutern. Gieße die zerlassene Butter darüber ● Serviere junge Kartoffeln dazu.

FENCHEL-/ORANGENSALAT

500 Gramm Fenchel, fein geschnitten
3 Orangen, geschält und die Schnitze quer halbiert
1 säuerlicher Apfel, gewürfelt
1 Zwiebel, gehackt
Salatsauce aus:
3 Eßlöffel Sauerrahm
Saft von 1/2 Zitrone
4–5 Eßlöffel Öl
Salz, schwarzer Pfeffer

Bereite die Salatsauce zu, vermische damit die übrigen Zutaten. Garniere nach Belieben mit schwarzen Oliven. Etwas ziehen lassen.

Ketschup (mit Chili gepfeffert) gibt Avelina Villanueva aus Jerez/Spanien der Sauce bei, wenn sie Krabbenfleisch oder Krevetten dem Salat untermischt.
Jiménez Aquirre in Murcia/Spanien mischt dem Salat reichlich fein gehackte spanische Zwiebeln bei und belegt ihn mit gekochten, noch warmen Fischfilets.

FRÜHLINGSSALAT

je 50 Gramm Löwenzahn, Sauerampfer, Brennesselblätter und Brunnenkresse
50 Gramm magerer Speck, in feine Würfel geschnitten
2 Eßlöffel Estragonessig
Pfeffer, Salz, Senf
4 Eßlöffel Sonnenblumenöl

Aus Essig, Pfeffer, Salz, Senf und Öl eine Salatsauce rühren. Löwenzahn und Sauerampfer zerzupfen und mit den Brennesselblättern und der Kresse in die Salatschüssel geben. Die Speckwürfel in einer Pfanne auslassen und noch warm über den kurz vorher gemischten Salat geben.

FROSCHSCHENKEL

Pfannenfertig vorbereitete Froschschenkel gibt es das ganze Jahr über, meist tiefgekühlt, zu kaufen. 24 Schenkel reichen für 4 Personen.

Du kannst die Schenkel salzen und pfeffern oder für etwa 2 Stunden in Riesling oder hellem Bier marinieren ● Tupfe sie dann trocken, wende sie in Mehl und brate sie in reichlich Butter. Stelle sie warm ● Schwitze in der gleichen Pfanne die gehackte Schalotten an, gib nach Belieben 1 zerquetschte Knoblauchzehe hinzu. Lösche mit Champagner oder trockenem Sekt, bzw. mit der Marinade ab. Lasse bei lebhaftem Feuer die Flüssigkeit auf etwa einen Drittel einkochen ● Ziehe die Pfanne vom Feuer und binde entweder mit Doppelrahm oder Eigelb, das Du mit etwas Rahm verrührt hast. Lasse unter Schlagen die Sauce nochmals aufkochen, schmecke sie mit Salz und Pfeffer ab und füge gehackte Kräuter nach Belieben bei. Gieße die Sauce über die Froschschenkel, dekoriere mit Zitronenviertel.

FÜR DIES UND DAS-SAUCE (BIERSAUCE)

Zu gebratenem wie auch gesottenem Geflügel und Schweinefleisch, zu Eiergerichten, zu Schnecken und Froschschenkel.

1 Liter dunkles Bier
1/2 Liter kräftiger Rotwein (Rioja-tinto, Algerier)
1 Tasse grob gehackte Schalotten
50 Gramm oder mehr Sardellen aus der Dose, abgespült
3–4 Nelken, 1/2 Lorbeerblatt
1 großes Stück Ingwerwurzel, grob gehackt
3–4 reife Tomaten (oder eine Dose Tomaten, ohne Saft)
1 Teelöffel Thymian
Muskat und Chilipulver nach Belieben
2 Teelöffel Zucker
1 knapper Eßlöffel Salz

Gib alles in eine Kasserolle und lasse solange ohne Deckel köcheln, bis sich die Menge um etwa einen Drittel vermindert hat. Laß die Sauce 24 Stunden stehen. Gieße sie dann durch ein Sieb in Flaschen. Zugekorkt und kühl gelagert, hält sie sich wochenlang.

Gemeinschaft/Kollektiv: *Nur zusammen erwirken die Hexen jene Kraft, aus der heraus sie im Guten wie im Bösen wirken können, in der Gemeinschaft fühlen sie sich zudem aufgehoben und geschützt. Darstellungen eines Sabbats zeigen die Hexen immer nackt; Nacktheit (s. auch dort), baut die individuellen Schranken ab.*

GEFLÜGEL AN BITTERSCHOKOLADENSAUCE

In Varianten im Baskenland, in Spanien und Mexiko

Für dieses aparte Gericht eignet sich Wildgeflügel wie Fasane und Rebhühner, aber auch Tauben, Hähnchen und Truthahnfleisch.

2 Hähnchen
Zitronensaft, Salz und Pfeffer
3 Eßlöffel Mehl
4 Eßlöffel Olivenöl
10–12 Schalotten, geschält
2–3 Knoblauchzehen, zerquetscht
1 Glas trockener Weißwein oder Sherry
1/4 Liter Hühnerbouillon
1–2 Eßlöffel ungesüßte Kochschokolade, fein gerieben

Würze die Hähnchen innen mit Zitronensaft, außen mit Pfeffer und Salz. Bestäube sie reichlich mit Mehl und brate sie in einer Kasserolle ringsum an. Stelle sie beiseite und gib Schalotten und Knoblauch in die Kasserolle. Brate sie ebenfalls an und bestäube sie mit dem Rest des Mehls. Gieße Wein und Bouillon dazu, rühre bei starkem Feuer gut durch. Würze mit Pfeffer. Gib die Hähnchen hinein und lasse zugedeckt köcheln, bis diese gar sind ● Lege sie dann auf eine vorgewärmte Platte ● Schöpfe das Fett von der Sauce und gib die Schokolade hinein. Bring die Sauce unter Rühren knapp vors Kochen, gieße sie über die Hähnchen.

Maya De Grégorio in Saint-Jean-de-Luz gibt Schinkenfett bei und würzt kräftig mit Thymian und schwarzem Pfeffer. Anstelle von Weißwein/Bouillon verwendet sie einen kräftigen Rioja-tinto.
Anita Ruz de Baqueiro in Mérida, Yucatan/Mexiko würzt ihre „mole poblano“ (Bitterschokoladensauce) pikant mit Chilischoten oder -pfeffer sowie etwas Zimtpulver, Nelkenpulver und Koriander. Beigegeben werden zudem Rosinen und 2 Eßlöffel Sesamsamen sowie 2–3 gehackte Tomaten.

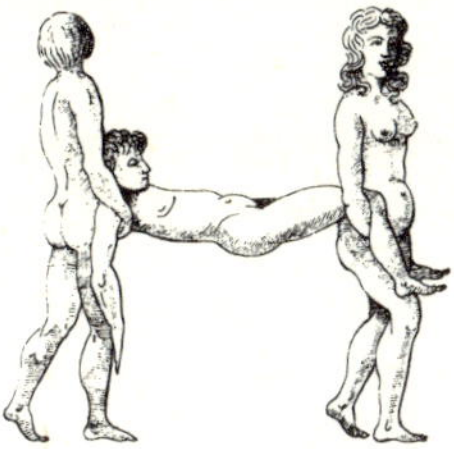

Hallowmas/Hallowe'en oder Samhain, auch Winter-Anfang; *die Nacht vom 31. Oktober auf den 1. November. Um Mitternacht gedenken die Hexen der toten Seelen und verabschieden den Mond. Wie es (bei Begräbnissen) allgemein Brauch ist, helfen gutes Essen und Trinken über die Trauer hinweg. Das macht fröhlich; ferne, kräftigende Mächte sind zu spüren, die Nacht wird den Freuden gewidmet. Gegen Morgen wird die Sonne begrüßt, welche die kommenden Wintertage erhellen wird. – Diese Nacht gehört dem Element Luft.*

Hexagramm oder Salomonsiegel: *Sechszackiger Stern. Es sind die miteinander verbundenen Dreiecke des Schöpferisch-Männlichen (mit der Spitze nach oben) und des Gebärenden-Weiblichen (mit der Spitze nach unten); aber auch diejenige der vier alchemistischen Zeichen für Feuer, Wasser, Luft und Erde (s. Elemente und Dreieck). Wer sich mit ihnen identifiziert, identifiziert sich mit der sichtbaren Schöpfung. In der Magie schützt das Hexagramm vor bösen Kräften.*

HASE, GESCHMORT

Lapin à la brune (Lorraine)

1 Hase oder Kaninchen
Salz, Pfeffer
1 Eßlöffel Mehl
je 2–3 Eßlöffel Butter und Öl
1 Liter braunes Bier
6–8 Knoblauchzehen; nur die äußere feste Haut abziehen
2 Teelöffel Zucker
1 mit Lorbeer und Nelken besteckte Zwiebel
je 1 Stück Lauch, Sellerie und Karotte
1–2 Eßlöffel frische Kräuter nach Belieben

Schneide den Hasen in Stücke, salze und pfeffere ihn, bestäube ihn mit Mehl ● Gib Butter und Öl in eine Kasserolle, brate darin die Hasenstücke an. Lösche mit dem Bier ab, gib Knoblauch, Zucker und das Bratengemüse dazu. Lasse alles zugedeck 50–60 Minuten lang auf kleinem Feuer leise köcheln ● Nimm dann das Hasenfleisch heraus und stelle es warm. Nimm auch die Zwiebel und das Gemüse heraus ● Gib die Sauce mit den Knoblauchzehen und den Kräutern in den Mixer. Schmecke ab, und gieße sie zum Fleisch. Gekochte Kartoffeln, Kartoffelstock oder Kartoffelknödel, weißer Reis oder Nudeln passen gut zu diesem Gericht.

HÄHNCHEN IN BIER

Coq à la bière (Normandie)

1–1,2 Kilo Hähnchen oder Pouletteile
100 Gramm grüner (frischer), magerer Speck,
1 kleine Zwiebel,
1 Karotte und etwas Sellerie zusammen fein gehackt
je 2 Eßlöffel Öl und Butter
1 Eßlöffel Mehl
1 Flasche Bier
1 Bouillonwürfel
1 mit Lorbeer und Nelken besteckte Zwiebel
1/2 Büschel Petersilie
1 Lauch, 2 Knoblauchzehen
1 Prise Zucker
100 Gramm Champignons
Saft von 1/2 Zitrone
1 Handvoll Perlzwiebelchen
2 Deziliter Rahm
Salz, Pfeffer

Salze und pfeffere die Huhnteile ● Ziehe in einer großen Kasserolle das Gehäck aus Speck, Zwiebel, Karotte und Sellerie im Öl an. Gib die Huhnteile hinzu und brate sie ringsum an. Bestäube mit Mehl. Gieße das Bier hinzu, lasse aufkochen, gib den Bouillonwürfel sowie die besteckte Zwiebel, Petersilie, Lauch, Knoblauch und die Prise Zucker bei. Lasse zugedeckt 20 Minuten köcheln ● In dieser Zeit putze die Champignons, die großen halbiere. Beträufle sie mit dem Zitronensaft und schmore sie mit den Perlzwiebelchen in der Butter ● Gib sie den Huhnteilen bei und lasse alles weitere 30 Minuten zugedeckt köcheln. Nimm die Huhnteile aus der Kasserolle, lege sie auf eine warme Platte. Nimm ebenfalls Lauch, Zwiebel und Petersilie heraus ● Lasse auf lebhaftem Feuer die Sauce um gut 1/3 einkochen. Rühre dann den Rahm hinzu und gieße die Sauce über die Huhnteile.

Gaby Dessauges verwendet nur Huhnteile mit abgezogener Haut.
Bernard d'Hauteville gibt 1 in Würfelchen geschnittene Birne der Sauce bei, bevor sie eingekocht wird.
Ebenfalls vor dem Einkochen der Sauce gibt Vivianne Black dieser 2 halbierte, 10 Minuten in gesalzenem Wasser gegarte Chicorée bei.

HODEN

In der Hexenküche sind Hodengerichte meist unter Tarnnamen zu finden, ähnlich wie in der bürgerlichen Küche, wo Hoden unter Namen wie „Spanische Eier", „Spanische Nierchen" usw. beim Metzger gehandelt bzw. in Restaurants serviert werden.

Hoden werden meist wie Nierchen, jeweils auch mit einer säuerlich-pikant gewürzten Béchamelsauce, zubereitet.

Antoinette de Mons in der Auvergne schneidet sie in Scheiben, würzt sie mit Pfeffer und Salz, bestäubt sie mit Mehl, wendet sie in zerklopftem Ei und brät sie in Butter. Nach Belieben mit grünen gehackten Kräutern bestreuen.

HOPFENGERICHTE

Hopfengerichte können zum Träumen anregen; sie können warm und kalt gegessen werden. Pro Person wird mit etwa 250 Gramm junger Hopfentriebe (sogenannte Hopfenspargeln), gerechnet.

Die geputzten Hopfentriebe (harte Teile der Triebe wegschneiden) in Salzwasser weich kochen. Dann kannst Du sie wie Spargel mit einer Mayonnaise, einer Vinaigrette, mit harten gehackten Eiern und brauner Butter, mit einer Béchamelsauce und reichlich Petersilie usw. zubereiten; s. auch Seite 60.

Hexeneinmaleins *von J. W. Goethe (Faust, Teil I, Hexenküche); Lehmann und Pinthus deuten es als Anleitung für ein „Magisches Quadrat" von 3 × 3 × 3 Feldern (s. Seite 48). Goethes Hexe sagt:*
„Du mußt verstehn – / Aus Eins mach' Zehn, / Und zwei laß gehn, / Und Drei mach' gleich, / So bist du reich. – Verlier die Vier! / Aus Fünf und Sechs, / So sagt die Hex' / Mach' Sieben und Acht / So ist's vollbracht: – Und neun ist Eins, / Und Zehn ist keins. / Das ist das Hexeneinmaleins."
In die 1. Reihe kommen somit die Zahlen 10, 2 und 3; Du bist nun reich an Wissen, den Du kennst die Quersumme (15). In der 2. Reihe kommt zuerst statt einer 4 eine 0, dann 7 und 8. „So ist's vollbracht, denn die 5, 6 und 4 der 3. Reihe ergeben sich als Ergänzung zur vorgegebenen Zahl 15. „Neun ist Eins" versteht sich auf das neunfeldrige Quadrat als Einheit; „Zehn ist keins" als Hinweis, daß es keine zehnfeldrige Quadrate gibt.

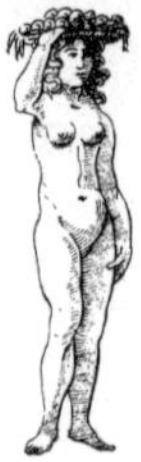

Johannis *(24. Juni), das mit Freudenfeuern gefeierte Sonnwendtag-Fest, an dem viel geküßt und viel geliebt wird. Am Morgen nach dem Fest wird Tau gesammelt. – Es heißt, daß ein Kräuterbad an Johannis neunfache Heilkraft habe.*

INGWER-HUHN IM GEMÜSEBETT

1 Huhn von gut 1 Kilo Gewicht
1 Bündel Suppengrün
knapp 2 Eßlöffel Salz, 8 Pfefferkörner
1 große Zwiebel
2 Karotten
2 Zucchini
4 kleine weiße Rüben (Navets)
oder/und 1 Lauch (das Weiße)
2 Eigelb, zerklopft
4 Eßlöffel Frischkäse
1 Stück frischer Ingwer, fein gerieben
1 Eßlöffel gehackter Kerbel

Bringe 2 Liter Wasser zum Kochen, gib Salz, Pfefferkörner, Gemüsebündel, Zwiebel und dann das Huhn hinzu. Lasse 50 Minuten köcheln ● Schneide inzwischen die Zucchini, Karotten und Navets in feine kleine Stengelchen, den Lauch schneide in feine Streifen ● Nimm das Huhn aus dem Sud und stelle es warm ● Vom Sud gieße eine große Tasse voll durch ein feuchtes Tuch in eine kleine Kasserolle. Rühre die Eigelb hinzu und erhitze auf kleinem Feuer solange, bis sich die Sauce bindet. Salze und pfeffere, gib unter Rühren den Ingwer und den Frischkäse hinzu. Halte die Sauce im Wasserbad warm ● Lasse in der restlichen Bouillon das zerschnittene Gemüse einige Minuten köcheln ● Entferne unterdessen vom Huhn Haut und Knochen. Schneide das Fleisch in Stücke. Richte es mit dem Gemüse auf einer Platte an. Gieße die Sauce über das Fleisch. Garniere mit Kerbel.

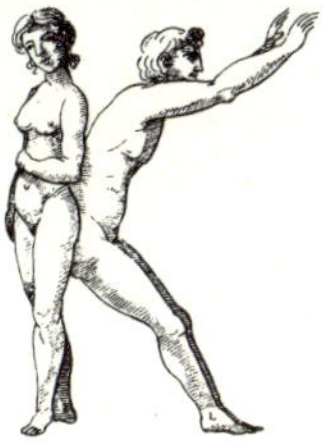

Kreis: *Als unendliche Linie ist er das Symbol der Zeit und der Unendlichkeit, oft durch die Gestalt einer Schlange, die sich in den Schwanz beißt, dargestellt. Der Kreis ist zudem ein Symbol der Einheit, des Absoluten und der Vollkommenheit. – Im magischen Bereich gilt der Kreis als Schutz gegen böse Geister (s. Bannkreis), deshalb auch die schützende Funktion des Ringes, des Reifes und des Gürtels, welche die Hexen bei ihren Zusammenkünften tragen.*

Mit einem Punkt in der Mitte ist der Kreis in der Astrologie das Zeichen für die Sonne, in der Alchemie dasjenige für Gold.

KALBSBRIES IN BLÄTTERTEIG

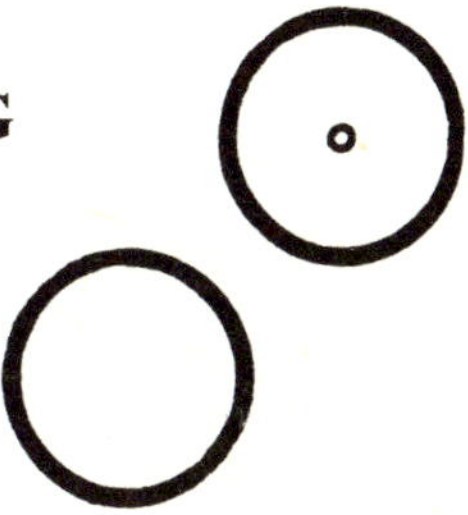

Feuilleté de ris de veau (Lyon)

600–700 Gramm Kalbsbries
etwas Salz, weißer Pfeffer
4 Eßlöffel Butter
1 Eßlöffel Zitronensaft
3 Eßlöffel trockener Sherry
2 Deziliter Fleischbouillon
2 Schalotten, fein gehackt
1 knapper Eßlöffel gehackter Estragon
2 Deziliter Rahm
250 Gramm kleine, grüne Erbsen
8 etwa 8 × 8 cm große Quadrate frisch gebackener Blätterteig

Das kurz in kochendem Salzwasser blanchierte und dann gehäutete Kalbsbries in etwa 1–1 1/2 cm große Würfel schneiden, in Butter ringsum goldbraun anbraten. Warm stellen ● Gieße die Bratbutter ab, kratze den Fond mit Zitronensaft und Sherry auf, gieße die Bouillon dazu. Unter lebhaftem Feuer etwas einkochen lassen. Füge nun Schalotten, Estragon, Rahm sowie Erbsen und Brieswürfel bei, lasse etwa 8 Minuten köcheln (nicht zudecken) ●
Lege auf 4 heiße Teller je ein Blätterteigquadrat, verteile Bries und Erbsen darüber, bedecke mit den übrigen Quadraten ● Schnell servieren.

KALBSBRIES MIT PILZEN

500 Gramm Kalbsbries
3 Eßlöffel Butter
250 Gramm Pfifferlinge oder andere Pilze
1 knapper Eßlöffel Mehl
1/4 Liter Fleischbouillon
etwas Salz, weißer Pfeffer
1 Bund Petersilie, gehackt

Das kurz in kochendem Salzwasser blanchierte und dann gehäutete Bries in kleine Würfel schneiden, in etwas Butter anziehen. Gib die halbierten oder in Stücke geschnittenen Pfifferlinge/Pilze dazu, laß leise schmoren ● Unterdessen schwitze in einer kleinen Kasserolle das Mehl im Rest der Butter an, gieße die Bouillon dazu, lasse etwa 5 Minuten köcheln. Gib dies dem Bries und Pilzen bei und lasse alles etwa 10 Minuten leise garen. Abschmecken, die Petersilie darüber streuen ● Zu Reis oder Nudeln servieren.

KALBSHERZ, GEFÜLLT

1 Kalbsherz
je 100 Gramm Kalb- und Schweinefleisch
50 Gramm frischer Speck
1 Brötchen, eingeweicht
1 kleine Zwiebel, klein gehackt
je 1 Eßlöffel gehackte Petersilie, Kerbel oder Fenchelkraut
1 Ei
Salz, Muskatnuß
Frühstückspeck
2 Eßlöffel Butter
100 Gramm Pfifferlinge oder Champignons
1/2 Zwiebel
1 Glas Rotwein
1/2 Liter Bouillon
1 Teelöffel Stärkemehl
Pfeffer und Salz

Drehe das Fleisch und den frischen Speck mit dem gut ausgedrückten Brötchen durch die Hackmaschine ● Schwitze die Zwiebel und die Kräuter in etwas Butter an und mische sie mit dem Ei unter das Fleisch, würze mit Salz und Muskatnuß. Die Farce in das gereinigte Herz geben, dieses zunähen und mit dem Frühstückspeck umwickeln ● Brate das Herz in der Butter an, laß dabei die Pilze und die halbe Zwiebel mitbraten. Lösche den Bratensatz mit Rotwein ab, fülle mit heißer Bouillon auf ● Laß alles geruhsam eine knappe Stunde auf kleinem Feuer schmoren. Legiere dann die Sauce mit etwas Stärkemehl, schmecke mit Pfeffer und Salz ab.

KALBSHIRN „au beurre“

400–600 Gramm Kalbshirn
2 Eßlöffel Weißweinessig
1 1/2 Eßlöffel Salz
100 Gramm Tafelbutter
1 Eßlöffel Paniermehl
1 Eßlöffel Kapern
1 Eßlöffel gehackte Petersilie
Salz, weißer Pfeffer

Wässere das Hirn zuerst eine Stunde in kaltem Essigwasser (1 Liter Wasser / 1 Eßlöffel Essig). Säubere es (Häutchen abziehen). Lasse 1 Liter Wasser mit dem Salz aufkochen, gib das Hirn hinein und pochiere es 10 Minuten auf kleinem Feuer. Nimm es dann mit einer Schaumkelle aus dem Sud, gib es auf eine Platte, die Du auf einem Kerzenrechaud warm hälst ● Erwärme in einer Bratpfanne die Butter, gib das Paniermehl unter Rühren bei, lasse aufschäumen und gieße es über das Hirn. Gib dann die Kapern mit etwas Einlegesaft in die Pfanne, erhitze und gieße Saft und Kapern ebenfalls über das Hirn. Würze mit etwas Salz und viel Pfeffer, streue Petersilie darüber und serviere sehr heiß mit Pariserbrot.

Hoden. Eüter. Hertz. Füß Augen. Hyrn. Köpff

KARTOFFELKUCHEN, GRÜNER, MIT EIERN UND SPECK

Stelk with eggs and bacon (Irland)

1 Kilo Kartoffeln (keine neuen)
3 Bund Schnittlauch, grob gehackt
1 Prise Majoran (nach Belieben)
$^1/_2$ Liter Milch
100 Gramm Butter
Salz, Pfeffer
8 Eier
100 Gramm Bacon oder Frühstückspeck, gebraten

Die Kartoffeln in kaltem Wasser aufsetzen und garen. Schäle sie, solange sie noch warm sind, drücke sie durch ein Sieb oder die Kartoffelpresse ● Setze in kalter Milch den Schnittlauch auf, gib eine Prise Salz dazu und erhitze nur so, daß die Milch nicht zum Kochen kommt. Dann durchsieben und mit der Butter dem Kartoffelbrei unterrühren. Dieser soll wie grüner Flaum (green fluff) aussehen. Mit Pfeffer und Salz abschmecken. ● Streiche mit dem Brei zirka 3 cm dick eine feuerfeste, flache Form aus ● Die Eier verquirlen und würzen. Den Kartoffelkuchen damit auffüllen. Den Speck würfeln und darüberstreuen. Gib dann den Kuchen in den auf 180°C vorgewärmten Ofen ● Wenn er durchgebacken ist, streue, wenn Du magst, feingeschnittenen Schnittlauch darüber. Schmeckt gut mit Bier.

KÄSESCHNITTEN

Welsh Rarebit (Wales)

250 Gramm Chesterkäse, in Würfelchen geschnitten
4 Weißbrot- oder Toastscheiben, 1 cm dick
3 Eßlöffel Butter
1 Eßlöffel pikanter Senf
knapp 3 Deziliter helles Bier
Pfeffer, Cayennepfeffer oder Paprika

Bräune die Brotscheiben beidseitig in der Butter an. Erwärme das Bier in einer Kasserolle, verrühre darin den Senf. Gib unter Rühren $^3/_4$ des Chesters hinein und rühre mit der Holzkelle solange, bis sich – ohne daß es zum Kochen kommt – eine dicke Crème bildet. Streiche diese auf die Toasts. Streue den Rest des Chesters darüber. Mit Pfeffer oder Paprika bestäuben. Gib die Toasts in den Ofen und grilliere sie bei 220 Grad goldig-braun.

James Billtroit rät, so wie früher Kalbsnierenfett (statt Butter) zu verwenden. Anstelle von Weißbrot nimmt er lieber Bauernbrot. Christian Cantin schreibt, daß anstelle des Chesters ersatzweise Gouda, Edamer oder auch Emmentaler verwendet werden könne.

KATZENJAMMERSUPPE I

Chi-Chin-Tan (China)

1 Fisch von zirka 1 1/2 Pfund
20 weiße Pfefferkörner
1 Liter Wasser
1 Eßlöffel Öl
2 Eßlöffel Essig
2 Teelöffel Salz
1 Frühlingszwiebel oder/und
1 kleiner Lauch, fein geschnitten

Wickle die Pfefferkörner in ein Tüchlein, gib sie in das Wasser und lasse 2 Stunden köcheln ● Während dieser Zeit wird der Fisch geschuppt und ausgenommen. Dann wird er in Öl beidseitig je 2 Minuten gebraten. Jetzt gibst Du den Fisch in das Pfefferwasser; gib Essig und Salz dazu und lasse 30 Minuten köcheln. Vor dem Auftragen gibst Du die Zwiebel oder/und den Lauch bei. Dann kann die Suppe – die den stärksten Brummschädel klar macht und einen überfüllten Magen beruhigt – gegessen werden.

Gegen einen richtigen Katzenjammer (Cafard, Mißmut, Trübsal) helfen nach Angaben von Urseli Bärtschi, Hornigel-Bad, Emmental/Bern, oft einfachste Hausmittelchen wie frische Luft und Bewegung, Ruhe und Stille, Kräutertee (Anis, Melisse, Rosmarin, Schafgarbe usw.), Kräuterbäder (Kiefernadeln, Lavendel, Salbei usw.), das Massieren der Füße

KATZENJAMMERSUPPE II

(Amerika)

4 Hühnerbrüstchen
200 Gramm Schinkenspeck, in Würfelchen geschnitten
Saft von 5–6 oder mehr Zitronen
1 große Zwiebel, fein gehackt
1/2 Teelöffel oder mehr Tabasco
1 gute Prise Thymian
1 1/2 Liter Wasser
4–5 Eßlöffel Tapioca
weißer Pfeffer, Salz
1/2–1 Tasse frische Kräuter, nach Belieben

Zieh die Haut von den Brüstchen und schneide das Fleisch in mundgerechte Stücke. Mit allen andern Zutaten (ausgenommen dem Wasser, dem Tapioca und den frischen Kräutern) in eine Schüssel geben und eine gute Stunde marinieren ● Gib dann alles in eine Kasserolle, gieße das Wasser hinzu, lasse alles aufkochen. Abschäumen, dann 30 Minuten köcheln lassen. Vom Feuer nehmen; wenn die Suppe abgekühlt ist, in den Kühlschrank stellen ● Zu gegebener Zeit das Fett von der Suppe abheben, die Bouillon erhitzen, die Tapioca zugeben und 20 Minuten köcheln lassen ● Schmecke dann mit Pfeffer und Salz ab; die Suppe soll säuerlich-pfeffrig schmecken. Vor dem Servieren die gehackten Kräuter unterrühren.

mit warmem Dunkelbier usw.; in alter Bäder-Tradition empfiehlt sie als aufmunternder Trunk warmes Dunkelbier mit 1 Eigelb und mit Ingwer und Muskat gewürzt. ● Gegen den typischen Alkoholkater hilft vielfach Champagner oder herber Sekt mit Bitterbier oder Orangensaft gemischt und mit Angostura gewürzt. Ein bekannter Klassiker unter den Katerkiller ist die Prairie Oyster. Gib, so rät Silvana O'Hara aus Wilmington/North Carolina, über 2–3 Eßlöffel Ketchup 1 Eigelb. Gib dann je 1 Prise Salz und Pfeffer, einige Tropfen Worcestershiresauce, etwas Estragonessig und 1 Teelöffel Olivenöl darüber. Trink das Zeug in einem Zug.

KRÄUTERKÜCHLEIN

500–600 Gramm in der Schale gekochte Kartoffeln, fein gerieben
300 Gramm Quark
2–3 Eier
1 Eßlöffel Mehl
Salz, Pfeffer
Nach Belieben: 2 Eßlöffel Ketchup
3 Eßlöffel frische, gehackte Kräuter wie Petersilie, Kerbel, Schnittlauch, Borretsch usw., nach Belieben gemischt.

Verrühre den Quark und mische ihn mit den Eiern, dem Mehl und den Kartoffeln. Würze mit Salz, Pfeffer und, nach Belieben, mit Ketchup. Lasse 15 Minuten ruhen ● Mische nochmals, forme flache, runde Küchlein und backe sie beidseitig je 5 Minuten in Öl ● Eine gute Beilage zu jeder Art von Fleisch.

Eine ganze Mahlzeit werden die Küchlein, wenn Du dem Teig Reste (z. B. von gekochtem Geflügelfleisch oder Fisch), gewürfelten, gekochten Schinken, gehackte Sardellenfilets usw. beigibst.

KUTTELSUPPE

Busecca (Tessin)

400 Gramm vorgekochte, in Vierecke geschnittene Kutteln
1 Zwiebel, fein gehackt
2 Knoblauchzehen, fein gehackt
2 Eßlöffel Olivenöl
Nach Belieben 50 Gramm Speck- oder Schinkenwürfelchen
3 Karotten, 1/2 Sellerieknollen
3 Tomaten oder 2 Eßlöffel Tomatenpüree
3–4 Kartoffeln oder 1 Tasse gekochte weiße Bohnen
je eine Prise Pfeffer, Safran, Majoran, Basilikum, Rosmarin
1 1/2 Liter Bouillon
geriebener Parmesan oder Sbrinz

Ziehe Zwiebel, Knoblauch und Speck-/Schinkenwürfelchen im Öl an, gib das in Streifen geschnittene Gemüse hinzu. Dämpfe es mit den beigegebenen Kutteln kurz an ● Gib die Gewürze und dann die Bouillon darüber. Lasse etwa 1 1/2 Stunden lang leise köcheln ● Schmecke mit Salz und Pfeffer ab, trage die Suppe mit dem Käse auf.

Rosa Rossi aus dem Malcantone/Tessin gibt, wenn vorhanden, reichlich feingeschnittene Mangoldblätter in die Suppe. Auch mit feingeschnittenem Fenchel schmeckt sie gut.

KUTTELN MIT LAUCH

Soto babates (Indonesien)

800 Gramm Kutteln, vorgekocht
4 Eßlöffel Fett oder Öl
1/2 Liter Bouillon
5–6 Lauchstengel, halbiert
1 Karotte und 1/2 Sellerie, gewürfelt
1 Stück frisch geriebene Ingwerwurzel
1 Eßlöffel Essig
1/2–1 Tasse Sauermilch
Salz und Pfeffer

Brate die in Streifen geschnittenen Kutteln in Fett/Öl an, lösche mit 1/2 Liter Wasser oder Bouillon ab, gib Lauch, Karotten, Sellerie und Ingwer dazu. Lasse 1 gute Stunde köcheln ● Würze dann mit Essig, Salz und Pfeffer, rühre die Sauermilch darunter.

Obiges Grundrezept läßt sich gut variieren: Sri A., nunmehr in Genf lebend, gibt nebst Ingwer auch Gewürznelken, Knoblauch und Sambal olek bei; ihre Freundin Joy bereichert das Gericht mit 1–1 1/2 Tassen (separat gekochten) Kichererbsen.

KÜRBISSUPPE

Für 8–12 Personen:
1 Kürbis von etwa 2,5 Kilo Gewicht
1 Büschel Petersilie, fein gehackt
1 1/2 Liter Hühnerbouillon
1 Liter trockener Weißwein
1 1/2–2 Deziliter Rahm
Salz und Pfeffer
Reibkäse und geröstete Brotwürfelchen

Schneide vom Kürbis einen Deckel weg, entferne Kerne und Weißes. Dann schneide soviel Kürbisfleisch weg, daß noch etwa 1 1/2 cm Schale übrigbleibt. Das Kürbisfleisch würfeln, mit der Petersilie in die Bouillon geben und solange köcheln lassen, bis die Würfel zu zerfallen beginnen ● Weißwein und Rahm zugießen, mit Salz und Pfeffer abschmecken. Die Suppe in die Kürbisschale geben. Mit Reibkäse und Brotwürfelchen servieren.

Der Kürbis kann auch geschält werden, die Suppe wird dann in einem Topf serviert.

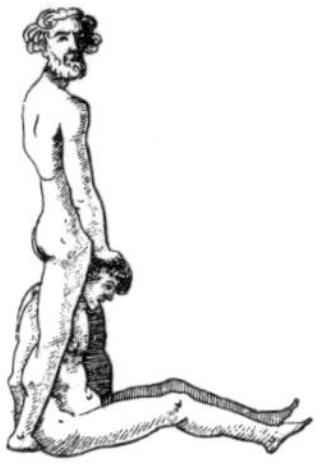

Labyrint: *Es ist die Verkörperung des Initiationsvorganges und der Einweihung, ein Symbol des Todes und der Wiedergeburt. Wer das Labyrinth betritt ist abgeschlossen von der äußeren Welt. Es ist die Rückkehr in den Mutterschoß; die symbolische Deutung wird getragen durch die Form des Labyrinths und die Enge der Windungen (insbesondere dargestellt in vorgeschichtlichen Labyrinthen, s. Bild). – Zu den Hexentänzen gehört auch der Labyrinth-Tanz, der, wie schon in der Antike, als Kette getanzt wird.*

Lammas oder Lugnasadh *(in gewissen Gegenden auch Petri Kettenfeier genannt): Abend und Nacht des 1. Augusts. Es ist die Zeit der Wünsche: daß die Früchte des Feldes höher, die Ernte größer, die Liebe stärker und die Sinne beflügelter seien.*

In dieser Nacht wird dem Element Feuer gedacht, Freudenfeuer brennen.

LAUCHHUHN

Cock-A-Leekie (Schottland)

1 Suppenhuhn
800 Gramm Lauch
1–2 Knoblauchzehen
1 Zweiglein Bohnenkraut oder auch Estragon
100 Gramm Graupen oder Reis
Salz und schwarzer Pfeffer
Butter

Nimm einen gut schließbaren Topf (z.B. Römertopf, gewässert), streiche ihn mit Butter aus. Da hinein gibst Du das Huhn, in dessen Bauch Du den Knoblauch und das Bohnenkraut/Estragon getan hast ● Verteile den schräg und dünn in Ringe geschnittenen Lauch darüber, die Graupen oder den Reis verteile dem Topfrand entlang. Gieße soviel Wasser dazu, daß das Huhn knapp davon bedeckt ist. Würze mit wenig Salz und ordentlich viel frisch geriebenen schwarzen Pfeffer ● Laß das Ganze gut verschlossen bei kleiner Hitze 3 Stunden garen.

Margarethe Mc Maffie sagt, man könne an Stelle von Graupen/Reis 200 g über Nacht eingeweichte, grüne Trockenerbsen oder auch einige Backpflaumen dazu tun.

LEBER MIT LAUCH

400 Gramm Leber, feinblättrig geschnitten und in
2 Eßlöffel Sojasauce mariniert
300 Gramm Lauch
2 Eßlöffel Butter
1 Teelöffel frischer, gehackter Ingwer
1 Teelöffel Speisestärke
1 1/2 Deziliter Sherry
etwas Pfeffer und Salz

Schneide den Lauch in feine Streifen und gare ihn in etwas Butter knapp knackig. Salze und pfeffere. Stelle den Lauch beiseite ● Ziehe den Ingwer in der Butter an. Die Leber und dann den Lauch in die Pfanne geben. 3 Minuten unter Wenden braten. Rühre die Speisestärke in den Sherry und gieße diesen dazu. Lasse weitere 3 Minuten köcheln ● Mit Pfeffer und Salz abschmecken, zu weißem Reis servieren.

LINSENSALAT MIT KANINCHEN- ODER GEFLÜGELLEBER

Für 6 Personen:
250 Gramm Linsen, über Nacht eingeweicht und dann in Salzwasser weichgekocht
500 Gramm Kaninchen- oder Geflügelleber
Butter, Salz

Für die Salatsauce:
1/2 Eßlöffel Honig
1 1/2 Eßlöffel Sherryessig
4 Eßlöffel Nußöl
2 Schalotten, feingehackt
weißer Pfeffer, Chilipfeffer

Bereit die Salatsauce zu und mische etwa 3/4 davon unter die ausgekühlten Linsen. Lasse eine halbe Stunde ziehen. Schneide unterdessen die Leber in Streifen, brate sie in heißer, schäumender Butter und würze sie sparsam mit Salz und Pfeffer. Verteile den Salat auf die Teller. Belege den Salat mit den Leberstreifen, beträufle diese mit dem Rest der Sauce.

Anstelle von Leber kannst Du, wie Ellen Kümin erklärt, ebensosehr Kaninchenfleisch verwenden. Das Kaninchenfleisch wird in einer Gemüsebouillon gekocht und, ohne Knochen, über den Salat verteilt. Es wird ebenfalls mit etwas Salatsauce übergossen.

Mond: *In seinen vier Phasen erinnert der Mond an unser Menschenleben: Wachsender Mond = Kindheit, Vollmond = Höhepunkt des Lebens, Abnehmender Mond = Alter, Neumond = das Nichts und spätere Auferstehung; die Hexen glauben an die Wiedergeburt. Sie teilen das Jahr in 13 Mondmonate. Ihre Religion ist die Mondreligion, bei welcher die Kraft des Mondes (z. B. Ebbe und Flut, Wachstum und Ernte) sowie die Monatsregeln usw. Beachtung findet.*

Zunehmender Mond, *Spitzen nach oben: Symbol der Sommersonnenwende* = Höhepunkt des Lebens.

Abnehmender Mond, *Spitzen nach unten: Wintersonnenwende = Durchgang zum Tod, hinter dem ein neues, anderes Leben beginnt.*

MEERTEUFEL, KALT, AN WARMER VINAIGRETTE

für 6–8 Personen
1 1/2 Kilo Meerteufel
(Baudroie/Lotte)
für den Würzsud:
1 Karotte, etwas Sellerie,
1 kleiner Lauch,
3 Schalotten, 2 Knoblauchzehen
Saft und Schale von 1/2 Zitrone
1 Teelöffel Salz, 8 Pfefferkörner
1 kleines Lorbeerblatt, 2 Nelken
1 Teelöffel Thymian
1/2 Liter trockener Weißwein
1 Liter Wasser

Karotten und Sellerie würfeln, Lauch halbieren. Gib alles zusammen mit dem Wasser in eine Kasserolle und lasse 30 Minuten ohne Deckel köcheln. Gieße dann den Wein hinzu, lasse 30 Sekunden aufkochen. Lasse dann erkalten ● Zur gegebenen Zeit gibst Du den Fisch in eine Kasserolle, bedeckst ihn mit Würzsud, bringst ihn zum Kochen; dann läßt Du ihn auf kleinstem Feuer 20 Minuten garen ● Lasse ihn im Sud erkalten. Vor dem Auftragen gib den Fisch in Portionenstücke auf leicht erwärmte Teller und verteile darüber die warme Vinaigrette (s. nachstehend).

Warme Vinaigrette: Sie wird zu pochiertem bzw. gesottenem, kaltem oder warmem Fisch, Geflügel oder Fleisch serviert.

2 Deziliter Fisch-, Geflügel- bzw. Fleischsud
1 Deziliter Weißweinessig
1 Deziliter Olivenöl
2 Teelöffel Dijonsenf
eingemachter Ingwer, fein geschnitten
je 1 gute Prise Salz, Pfeffer, Zucker und Koriander
Nach Belieben: das Weiße eines Brötchens, eingeweicht
1–2 Karotten und 1/4 Sellerie, in feine Streifen gehobelt (Julienne)
1 Frühlingslauch oder -Zwiebel, in dünne Streifen geschnitten
50 Gramm Mangoldblätter, in feine Streifen geschnitten
1–2 Eßlöffel zerzupfte Petersilie und Kerbel

Essig mit Fisch-, Geflügel- bzw. Fleischsud, Senf, Gewürzen, ausgedrücktem Brot und Öl in den Mixer geben, abschmecken. Gemüse und Kräuter beifügen. Erwärmen, im Wasserbad bei ca. 60 Grad warm halten.

MEERTEUFEL MIT SAFRANSAUCE

Lotte au safran (Frankreich)

800–900 Gramm Meerteufel, in Tranchen geschnitten
2 Knoblauchzehen, gehackt
3 Tomaten, geschält, gewürfelt
2 Karotten, in feine Stäbchen geschnitten
1 kleine Prise Safran
Salz und Pfeffer
2 1/2 Deziliter Fisch- oder Hühnerbouillon
1 Deziliter Rahm
3 Eßlöffel Butter

Ziehe in der Butter das Gemüse an, würze mit etwas Salz, Pfeffer und dem Safran. Gieße gut die Hälfte der Bouillon darüber. Lasse alles bei schwachem Feuer etwa 1 Stunde zugedeckt ziehen ● Gib dann das Gemüse in eine flache Schmorpfanne und verteile darüber die Fischtranchen. Salze und pfeffere, den Rest der Bouillon darüber geben, lasse etwa 4 Minuten auf heftigem Feuer garen. Den Fisch herausnehmen und auf einer heißen Platte warm halten ● Die Gemüsesauce unter lebhaftem Feuer etwa 3–4 Minuten einkochen lassen. Den Rahm unterrühren, mit Salz, Pfeffer und Safran abschmecken. Über die Fischfilets verteilen.

MILKENSCHNITTEN

600 Gramm Milken
1 Ei, zerklopft
3 Eßlöffel Paniermehl, mit etwas Pfeffer und Streuwürze vermischt
3 Eßlöffel Butter
1–2 Eßlöffel Zitronensaft
2 Eßlöffel feingehackte Petersilie oder Estragon

Schneide die Milken in Scheiben, wende sie im Ei, dann im Paniermehl. In nicht zu heißer Butter unter 2- bis 3-maligem Wenden 2–3 Minuten hellbraun braten ● Auf eine vorgewärmte Platte geben. Kratze den Bratenfond mit etwas Zitronensaft auf, gib Petersilie oder Estragon dazu, dann über die Schnitten verteilen. Die Schnitten auf einem Wildgemüse-Salat (s. Seite 59) servieren.

Maggie Brunner brät die Milkenschnitten unpaniert. Doch parfümiert sie die Butter zuerst mit einer Knoblauchzehe.
Wer es liebt, kann auch halb Butter / halb Öl verwenden.

MOHN- ODER SESAMSAUCE

1 mittelgroße Zwiebel, fein gehackt
$2^1/_2$–3 Eßlöffel Sherryessig
Pfeffer und Salz
6 Eßlöffel Sonnenblumenöl
4–5 Eßlöffel Mohn- oder Sesamsamen
Etwas Zitronensaft
Kräuter nach Belieben

Gib die Zwiebeln in ein Sieb und spüle sie mit heißem Wasser ab. Lasse sie gut abtropfen ● Rühre aus Essig, Pfeffer, wenig Salz und Öl eine Sauce. Gib die Zwiebel sowie den Mohnsamen oder den in etwas Öl gerösteten Sesamsamen dazu. Schmecke mit Zitronensaft ab. Gib nach Belieben fein gehackte Kräuter bei.

Gut zu gekochtem Wurzelgemüse (Sellerie, Karotten usw.), Artischocken, Avocados usw., auf weißem Reis sowie zu gedämpftem Fisch, Geflügel, Kalb- und Schweinefleisch, wobei Du je nachdem gehackte Kräuter oder etwas Senf der Sauce beigibst.

MOHN- ODER KÜMMELFLADEN

Pain au graines de pavot ou au cumin (Waadtland)

250 Gramm Weißmehl
15 Gramm Hefe
je eine Prise Salz und Zucker
1–1 1/2 Deziliter Sauermilch
(oder halb Milch/halb Joghurt)
1 Ei
4 Eßlöffel Butter oder Butterschmalz
2 Eßlöffel Mohn- oder Kümmelsamen
Nach Belieben 2 Eßlöffel geriebener Sbrinz oder Parmesan
grobes Salz

Bereite aus Mehl, Hefe und Sauermilch einen mit etwas Salz und Zucker gewürzten Hefeteig zu, lasse ihn zugedeckt an einem warmen Ort (maximal 35°) um das Doppelte aufgehen ● Knete das Ei, die Butter und den Käse darunter, lasse den Teig nochmals etwas aufgehen ● Gib ihn dann etwa 1 cm dick in eine Springform, bestreiche ihn mit Ei oder Milch und streue Salz sowie die Mohn- oder Kümmelsamen darüber. Lasse den Fladen bei etwa 190 Grad backen.

Claire Fontannaz ob Nyon serviert den Fladen zu Bier, Wein, Tee oder einer Suppe.

MOHNSTRUDEL

Makawnyk (Ukraine)

2 Eßlöffel Zucker
3 Deziliter Wasser
25 Gramm Preßhefe
500 Gramm Weizenmehl
1 Ei, verquirlt
1 gute Prise Salz
1 Eßlöffel Öl

für die Füllung:
500 Gramm Mohn
150 Gramm Zucker
1 Ei
1/2 Deziliter Sauerrahm
etwas Kornschnaps
Puderzucker

Lasse den Zucker in 5 Eßlöffel erwärmtem Wasser zergehen, gib dann 4 Eßlöffel kaltes Wasser hinzu und rühre die Hefe in die noch warme Zuckerlösung ein; lasse sie an einem warmen Ort 10 Minuten stehen ● Vermische sie dann mit einem Viertel des Mehls und

schlage alles zu einem glatten Vorteig. Mit einem feuchten Tuch zudecken und an einem warmen Ort stehen lassen, bis der Teig blasig ist. Gib dann das Ei mit dem restlichen warmen Wasser, dem Salz und dem Öl dem Teig zu. Mische dann auch das restliche Mehl in den Teig und knete ihn kräftig durch ● Bedecke auch diesen Teig mit einem feuchten Tuch (oder gib ihn in einen beölten Plastiksack) und laß ihn an einem warmen Ort gehen, bis sein Umfang sich verdoppelt hat. In dieser Zeit kannst Du die Füllung zubereiten: Vermische Mohn, Zucker, Ei und Rahm, würze nach Belieben mit etwas Schnaps ● Nimm den Teig, knete ihn geschmeidig und walle ihn zu einem etwa 35 × 45 cm großen Rechteck aus. Verstreiche die Mohnstrudelfüllung darüber und rolle von der Schmalseite den Teig zu einem Strudel. Gib ihn auf ein befettetes Backblech und lasse ihn an einem warmen Ort noch einmal um etwa das Doppelte gehen.
Bestreiche dann den Strudel mit Wasser und backe ihn im vorgewärmten Backofen 1 1/2 Stunden lang auf mittlerer Stufe bei 180 Grad. Lasse ihn auf einem Rost auskühlen und bestreue ihn mit Puderzucker.

MUSCHELGRATIN

Gratin de Moules mit Safran (Provence)

2,5 Kilo Miesmuscheln (Moules)
3 Deziliter Weißwein
2 Schalotten, grob gehackt
1 kleines Lorbeerblatt, 1 Nelke
6 Pfefferkörner
1 Knoblauchzehe
1/2 Deziliter trockener Wermut
2 Eigelb
1 1/2 Deziliter Rahm
1–2 Eßlöffel Paniermehl
1 Eßlöffel geriebener Parmesan oder Sbrinz

Die Muscheln unter kaltem Wasser reinigen, Bärte entfernen. Gib sie dann mit dem Weißwein, den Schalotten und den Gewürzen in eine Kasserolle. Unter lebhaftem Feuer kochen, bis sich die Muscheln öffnen.

Den Sud durch ein Sieb in ein Pfännchen gießen, mit dem Wermut auf etwa die Hälfte einkochen ● Die Muscheln aus den Schalen lösen und damit den Boden einer ausgebutterten Gratinform belegen. Im Wasserbad die Eigelb mit dem Rahm zu einer Creme schlagen. Unter Rühren den Sud zugeben. Mit Safran, Salz und Pfeffer würzen ● Gieße dann die Creme über die Muscheln, streue das mit dem Käse vermischte Paniermehl darüber. Im Ofen gratinieren.

MUSCHEL-OMELETTE

Moerkerke-Pannekoek (Holland)

400 Gramm Miesmuscheln (Moules)
1 1/2 Deziliter helles Bier
1 Nelke, 1/2 Lorbeerblatt
2 Streifen Zitronenschale
1 Eßlöffel Zitronensaft
Weißer Pfeffer
100 Gramm Champignons
1 feingehackte Zwiebel
1 Eßlöffel Butter
3 Eßlöffel Rahm

Gib die gereinigten Muscheln mit Zitronenschale, Nelke, Lorbeer und Bier in einen Topf und lasse alles köcheln, bis sich die Muschelschalen öffnen. Schöpfe dann die Muscheln mit einer Siebkelle aus dem Sud und gebe stattdessen die Champignons und die Zwiebel hinein, würze mit Zitronensaft und Pfeffer, gib die Butter hinzu und lasse köcheln ● Ziehe unterdessen das Muschelfleisch aus der Schale. Gieße, wenn die Champignons gar sind, den Sud mit diesen durch ein Sieb in ein Pfännchen. Die Champignons und Zwiebeln vermische mit dem Muschelfleisch, den Sud läßt Du etwa um die Hälfte einkochen ● Nimm dann das Pfännchen vom Feuer, rühre den Rahm darunter, vermische die Sauce mit den Muscheln/Champignons ● Backe vier Omeletten, wie auf Seite 17 angegeben. Gib sie auf heiße Teller, belege die eine Hälfte mit den Muscheln/Champignons, schlage die andere Hälfte darüber und serviere.

Nacktheit: *Sabbat-Darstellungen und andere Bilddokumente zeigen die Hexen meist nackt; auch bei heutigen Hexenzusammenkünften und bei Initiations- (Einweihungs-)ritualen sind die Hexen und Hexer nackt, bekleidet ist lediglich die Gottheit oder die Nummer Dreizehn (s. Zahlen, magische). – Nacktheit ist sowohl ein Sinnbild der Verführung und Wollust; Nacktheit ist aber auch Unverhülltheit und Unverstelltheit und somit ein Symbol der Reinheit und Wahrheit.*

Oktagramm oder doppelter Blutstrich: *achteckiger Stern. In einer bestimmten Reihenfolge gezeichnet, gilt er als blutstillend und gesundheitserhaltend.*

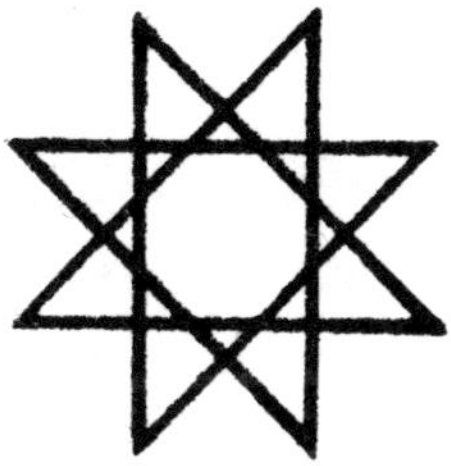

OCHSENSCHWANZ-SUPPE

1 Ochsenschwanz
2 Eßlöffel Fett
1 Eßlöffel Mehl
1–2 Karotten und 1/4 Sellerie, gewürfelt
1 Lauch, in Scheibchen geschnitten
2 Knoblauchzehen
1 1/2 Liter Pilsner-Bier
1 Lorbeerblatt, 2–3 Nelken
1 gute Prise Thymian
feingehackte Kräuter nach Belieben

Lasse den Ochsenschwanz vom Metzger in Stücke schlagen, gib ihn für 5 Minuten in kochendes Salzwasser, tupfe ihn dann trocken. Brate die Schwanzstücke in einer Kasserolle in Fett ringsum an, bestäube ihn mit Mehl. Gib das Gemüse, dann die Gewürze bei, dämpfe alles kurz an. Gieße unter Rühren das Bier hinzu und lasse zugedeckt köcheln, bis sich das Fleisch von den Knochen löst (ca. 3 Stunden). Gieße dann die Suppe durch ein Sieb ● Löse jetzt das Fleisch von den Knochen und gib es der Suppe bei. Lasse diese wieder aufkochen und schmecke mit Salz und Pfeffer ab. Gib vor dem Servieren die Kräuter bei.

OMELETTEN MIT HÜHNERLEBERN

250 Gramm Hühnerleber
2 Eßlöffel Butter
Salz, Pfeffer
2 Eßlöffel Madeira
8 Eier
2 Eßlöffel Rahm

Brate die in Scheiben geschnittene Leber in etwas Butter, salze und pfeffere sie, lösche mit Madeira ab und lasse verdunsten. Dann zerklopfe die Eier, füge den Rahm und die Leber zu. Backe daraus in Butter 4 Omeletten ● Zu Toast, eventuell mit einem Chicoréesalat, servieren.

OMELETTEN, ZERZUPFT

Cholermues (Innerschweiz/Unterwalden)

Nimm einige mit Rahm und Milch zubereitete Omeletten, zerzupfe sie noch warm mit der Holzkelle in kleine Stückchen ● Gib sie auf eine vorgewärmte Platte, und bestreue sie mit Zucker, dem etwas Zimt beigemischt ist ● Iß es mit einem Beeren- oder Früchtekompott oder mit Apfelmus.

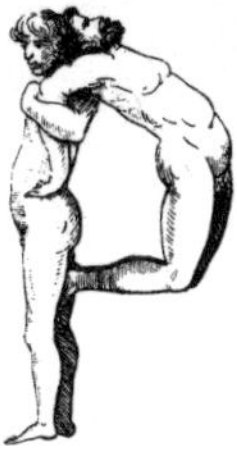

Pentagramm oder Drudenfuß *(auch einfacher Blutstrich): fünfzackiger Stern, Zeichen des Planeten Venus. – Das Pentagramm ist das Zeichen der Hexen wie auch der Magier, die durch ihr Wissen einen Weg zum glücklichen Dasein gefunden zu haben glauben. – Die alten Magier zeichneten in den Fünfstern die Gestalt des Menschen: in die Sternspitze das Haupt, in die vier untern Dreiecke Arme und Beine; sie sind ausgebreitet, als wollten sie sich der Welt gegenüber öffnen oder diese umfangen. „Wird dieses Zeichen mit Einsicht gebraucht, sind ihm die Elementargeister unterworfen; wird es auf den Zaubertisch oder in den Bannkreis gelegt, lassen sich die Geister gefügig machen“ (nach Levy).*

PILZPASTETCHEN, WALDZWERGEN-ART

Vol-au-vents des Nains de bois (Waadtland)

4 Blätterteigpastetchen
1 Schalotte, gehackt
1 Knoblauchzehe, gehackt
1 Eßlöffel Butter
15 Gramm gedörrte Steinpilze, eingeweicht
150 Gramm rohe (oder konservierte) Steinpilze, gereinigt, in Streifen geschnitten und mit Zitronensaft beträufelt
40 Gramm gedörrte Morcheln, eingeweicht
150 Gramm frische Champignons, in Viertel geschnitten
1 ½ Deziliter Weißwein
1 Deziliter Doppelrahm
1 kleines Büschel Bohnenkraut, gehackt
2–3 Eßlöffel trockener Wermut
1 Eßlöffel gehackte Petersilie
Salz, Pfeffer
1 Eßlöffel Tafelbutter

Schalotte und Knoblauch in der Butter dünsten, dann die Pilze (ausgenommen die Champignons) dazugeben, mit Weißwein ablöschen, 10 Minuten köcheln lassen ● Gib dann die Champignons dazu, lasse sie etwa 1 Minute mitdämpfen. Rühre den Rahm hinein, gib kurz später die Petersilie und den Wermut dazu. Würze. Dann gibst Du in kleinen Stücken die Tafelbutter unter Rühren bei ● Jetzt kannst Du die vorgewärmten Pastetchen damit auffüllen.

PILZSALAT

Nach Belieben viel frische Steinpilze oder Champignons
sowie Zucchini, weiße Lauchenden, Kohlrabi, Tomaten, Chinakohl, Kresse, Karotten usw.
1/2 Zwiebel, in feinen Ringen
Salatsauce aus:
etwas Zitronensaft, Weinessig, etwas Zucker
Pfeffer und Salz, Öl
Petersilie oder/und Dill

Mangolt. Bestnapen. Pfifferling.

Schneide, würfle, streifle oder stiftle das Gemüse, wie es ihm zukommt, mische es mit der Salatsauce. Schneide die Pilze in dünne Blättchen und füge sie bei, gib die Kräuter darüber. Gut mischen, dann im Kühlschrank noch etwa 1/2 Stunde ziehen lassen.

POLENTA (MAIS)

Grundrezept

350 Gramm Maisgrieß
1 Liter Wasser
1 Teelöffel Salz
1/2 Liter Milch
Butter

Bringe das Wasser zum Kochen, gib Salz und Milch hinein und lasse unter Rühren das Maisgrieß einlaufen. Lasse eine gute Stunde köcheln, rühre von Zeit zu Zeit. Wird die Polenta zu dick, kannst Du Milch oder Wasser nachgießen ● Vor dem Auftragen gibst Du etwas Butter bei. Ausgezeichnet – nach Belieben mit Parmesan oder Sbrinz bestreut – zu jeder Art von Schmorfleisch.

Maria Rossi in Ronco/Malcantone (Tessin) rührt den Mais solange im Kupferkessel, bis er sich von der Wand löst. Dann stürzt sie ihn auf ein Holzbrett. Mit einem Draht wird er, ähnlich einem Kuchen, in Portionen geschnitten und nach Belieben mit gesalzener oder gezukkerten Milch übergossen.

POLENTA MIT GORGONZOLAKÄSE

Mais wie vorstehend zubereiten. Eine ausgebutterte Form etwa 2 cm hoch damit auslegen. Dann gibst Du Butterflocken, in Würfel geschnittener Gorgonzola (pro Person etwa 40 Gramm) darüber ● Schiebe die Form in den auf 180°C vorgeheizten Ofen ● Nach Belieben mit geriebenem Käse bestreuen.

POLENTABERG

Polenta siciliana (Catania)

350 Gramm Maisgrieß, nach vorstehendem Grundrezept zubereiten
4–5 Eßlöffel Butter
8 Eier (getrennt)
500 Gramm Schinken, fein gehackt
1 1/2 Deziliter Sauerrahm
1 Büschel Petersilie, fein gehackt
Pfeffer und Salz
60–80 Gramm Parmesan oder Sbrinz

Lasse den eher festen Maisbrei erkalten, gib ihn auf ein Brett und knete die Butter und 4 Eigelb darunter. Vermenge den Schinken mit den restlichen Eigelb und dem Sauerrahm, würze mit Salz und Pfeffer, mische die steifgeschlagenen Eiweiß darunter ● Gib jetzt die eine Hälfte der Polenta in eine eher hohe, ausgebutterte Form. Schinken-/Eiweißgemisch darauf verteilen. Gib den restlichen Mais darüber. Schiebe die mit einer Alufolie abgedeckte Form in den Ofen und backe den Maisberg bei etwa 180 Grad gut 30 Minuten lang. Stürze ihn dann auf eine Platte und streue reichlich Käse darüber.

POLENTA MIT ROSINEN

Polenta Stria / Hexenpolenta (Graubünden)

300 Gramm Maisgrieß, nach Grundrezept (s. vorne), doch nur mit 1 Prise Salz und 3 Eßlöffel Zucker zubereitet

50 Gramm Butter
1 Handvoll Rosinen
Kompott nach Belieben

Dem noch heißen Maisbrei die Butter und die Rosinen beifügen. Streiche dann den Brei auf ein rundes nasses Holzbrett und lasse ihn erkalten. Vor dem Auftragen den Fladen beidseitig in etwas Butter in der Pfanne backen. Kompott dazu reichen.

Quadrate, magische: *Die nach Art eines Schachbrettes in Felder eingeteilten Quadrate sind mit Zahlen so besetzt, daß die Summe jeder waagrechten, senkrechten und diagonalen Reihe die gleiche Zahl ergibt. Darin wird eine besondere Kraft vermutet, weshalb mag. Quadrate vielfach als Amulett getragen werden. – Ursprünglich galten die mag. Quadrate auch als Sinnbild der Harmonie, bestimmte mag. Quadrate, wie das des Saturn (s. Abbildung), wurden von den Hexen für Schadenzauber verwendet.*

Das magische Quadrat
– des Saturn mit 3 Spalten basiert auf der Zahl 15
– des Jupiters mit 4 Spalten basiert auf der Zahl 34
– des Mars mit 5 Spalten basiert auf der Zahl 65
– der Sonne mit 6 Spalten basiert auf der Zahl 111
– der Venus mit 7 Spalten basiert auf der Zahl 175
– des Merkurs mit 8 Spalten basiert auf der Zahl 260
– des Mondes mit 9 Spalten basiert auf der Zahl 369.

4	9	2
3	5	7
8	1	6

Magisches Quadrat des Saturn

Das „Hexeneinmaleins“ von J. W. Goethe wird oft als magisches Quadrat interpretiert (s. Seite 24). – Neben magischen Zahlenquadraten gibt es auch magische Buchstabenquadrate, beispielsweise die Sator-Arepo-Zauberformel.

Rabe: *Auf alten Darstellungen wie auch im Märchen sehen wir ihn als steten Begleiter der Hexe. Wegen seins Krächzens und seiner Zudringlichkeit ist er als böses Vorzeichen für allerlei Unglück gefürchtet; die Bibel zählt ihn zu den unreinen Tieren. In andern Kulturen wurde er (wohl seiner Intelligenz wegen) als göttlich verehrt. Da der Rabe gerne allein lebt, gilt er vielfach als Sinnbild der selbstgewählten Einsamkeit und wurde wohl auch deswegen der Hexe zugeordnet, die außerhalb jeder gesellschaftlich-sozialen Gesellschaft gesehen wurde. – Als weitere Begleit- zum Teil auch Reittiere der Hexe galten die Katze, der Hund, die Eule, die Fledermaus, der Ziegenbock, der Eber und das Pferd.*

RINDFLEISCH, GESCHMORT IN BIERSAUCE

Vlaamse karbonade (Flandern)

800 Gramm Rindfleisch zum Schmoren, in dünnen Scheiben
200 Gramm Zwiebeln, fein gehackt
3 Eßlöffel Fett
1 Eßlöffel Mehl
1 Prise Zucker
1 Eßlöffel Weinessig
1/2 Liter helles Bier
1 mit Lorbeer und Nelken besteckte Zwiebel
je 1 Stück Sellerie und Karotte
Salz, Pfeffer

Gib 2 Eßlöffel Fett in eine Kasserolle, ziehe darin die Zwiebeln kurz an und lasse sie zugedeckt auf kleinstem Feuer 5 Minuten lang schmoren. Bestäube dann mit Mehl und gib unter Wenden den Zucker und den Essig bei. Lasse weitere 5 Minuten schmoren ● Brate unterdessen das Fleisch beidseitig im Rest des Fettes in der Pfanne an, pfeffere kräftig und salze es ● Lege dann das Fleisch in der Kasserolle auf die Zwiebeln, gieße das Bier darüber, füge die Zwiebel und das Bratengemüse hinzu ● Lasse gut zugedeckt 2 Stunden auf kleinstem Feuer köcheln.

Schmackhafter werde das Gericht, so sagt die weise Transeline du Crog, wenn ein knapp handgroßes Stück geriebener Lebkuchen mitgekocht wird. Auch ließen sich die Zwiebeln zur Hälfte durch in feine Scheibchen geschnittener Chicorée (Brüsseler Endivie) ersetzen. Gib in diesem Falle etwas weniger Bier bei, da Endivien Wasser ziehen.

RADIESCHEN-/ORANGENSALAT

7–8 Bündel Radieschen
4 ausgereifte Orangen
Salz, 1–2 Prisen schwarzer Pfeffer
Saft von 1 Zitrone

Schäle die Orangen und schneide sie in etwa 3–4 mm dicke Scheiben, verteile sie in eine flache Schale, bestreue sie mit Pfeffer. Darüber gibst Du die in Scheibchen geschnittenen Radieschen. Mit etwas Salz bestreuen und mit Zitronensaft beträufeln.

RISOTTO MIT HÜHNERFLEISCH UND SESAMSAMEN

Für 6 Personen:
450 Gramm Vialone-Reis
1 Zwiebel, gehackt
1 kleine Tasse Öl oder Butter
1–2 Knoblauchzehen, ausgepreßt
1/2 Lorbeerblatt
gut 1 1/2 Liter Hühnerbouillon
frisch gemahlener weißer Pfeffer
etwas Salz
250 Gramm Hühnerfleisch, fein geschnitten
4 Eßlöffel Sesam-Samen, in Butter geröstet
3–4 Karotten, in feine Streifen gerieben

Öl oder Butter in der Kasserolle erhitzen. Ziehe darin die Zwiebel, dann den Reis an. Füge Knoblauch, Lorbeer und die Bouillon hinzu, würze kräftig mit Pfeffer. Lasse unter gelegentlichem Rühren köcheln ● Brate unterdessen das Fleisch an und gib es dem Reis zu. Wenn der Reis gar ist, Sesam und Karotten-Julienne untermischen.

Falls der Risotto suppiger, d.h. nach Art eines Tessiner- oder Mailänderrisottos gewünscht wird, wird die Bouillon dem Reis nach und nach unter stetem Rühren beigegossen, und zwar jeweils nur soviel, daß die Flüssigkeit immer wieder einkochen kann.

Sabbat: *(hebräisch; nach Wort und Sinn der Samstag, von den Juden der Gottesverehrung vorbehalten). Im Hexenwesen ist der Sabbat Zeitpunkt und Ort zugleich, wo Feste gefeiert, getanzt, geschmaust und geliebt wird, und zwar „mit rasendem Verlangen".*

Beim **großen Sabbat** *(Nacht zum 1. Mai und 1. August, vor Allerheiligen (31. Oktober/1. November) und zum 1. Februar, versammeln sich die Hexen einer Gegend oder eines Distrikts.*

Beim **kleinen Sabbat** *versammeln sich die Hexen eines Dorfes oder einer Gemeinde. Er kann wöchentlich ein- bis zweimal stattfinden; gute Tage sind Dienstag und Freitag; vielfach findet er auch an katholischen Feiertagen statt. Versammlungsorte sind mit Vorliebe Waldlichtungen oder abgelegene, von den übrigen Menschen gemiedene Orte; immer jedoch eine Stelle, wo sich unterirdische Wasserläufe kreuzen. Bei einem Hexensabbat ist die Anzahl der männlichen und weiblichen Teilnehmer etwa gleich groß; es ist also ein Irrtum zu glauben, daß die Frauen vorwiegen.*

Spirale oder Schlange: *Sie hat im Zusammenhang mit den Hexensalben große Bedeutung: der von diesen bewirkte Flug wird immer wieder in Form einer Spirale geschildert; Kiesewetter, der Selbstversuche mit Salben machte, fühlte sich wie „von einem Wirbelstrum herumgerissen". – Schmuck in Spiralen-Form galt als liebster Schmuck der Weisen Frauen, die einst alle geheimen Kräfte der Sterne und der Kräuter wußten" (Sergius Golowin). Dieser Schmuck wurde von diesen als „Schlange" bezeichnet; die Schlange ist das uralte Sinnbild kosmischer Lebenskraft. – Sabbat-Darstellungen zeigen in Spiraleform tanzende Tänzerketten; eine allgemein heute an Fasnacht, Karneval usw. beliebte Tanzform.*

SALBEIKÜCHLEIN

Mäuschen/Müsli (Zürich)

pro Person (als Vorspeise/Apéro-friture)
3–4 schöne, frische Salbeiblätter
Bierteig
Öl zum Ausbacken

Ziehe die gewaschenen und auf Küchenpapier getrockneten Salbeiblätter am Stiel durch den Teig und backe sie 1–2 Minuten in 180 Grad heißem Öl ● Sofort servieren.

Käthi Honegger verwendet anstelle eines Bierteiges einen mit Weißwein zubereiteten Ausbackteig, dem sie zum Schluß steifgeschlagenes Eiweiß unterzieht.

SAUERKRAUT MIT TOMATEN UND HÜHNERRAGOUT

2 Pfund Hühnerteile
3 Eßlöffel Butter
Salz, schwarzer Pfeffer
1 große Zwiebel, fein gehackt
2 Knoblauchzehen, zerquetscht
1 Karotte gehackt
2 Pfund Sauerkraut
1 Glas trockener Weißwein
3 Tomaten, geschält und zerhackt (oder 1 kleine Dose Tomaten, ohne Saft)
1/2 Lorbeerblatt
1 gute Prise Thymian
Nach Belieben:
1 Tasse Sauerrahm
1 Büschel Petersilie, fein gehackt

Brate die Hühnerteile etwa 10 Minuten auf kleinem Feuer in der Butter. Salze und pfeffere sie. Nimm sie aus der Kasserolle ● Gib dafür Zwiebel, Knoblauch und Karotte hinein und lasse sie im Fett glasig werden. Füge Sauerkraut, Wein, Tomaten und die Gewürze hinzu, mische gut durch. Lasse aufkochen, würze, gib die Hühnerteile samt dem angesammelten Bratensaft darüber ● Lasse das Gericht gut zugedeckt bei mäßigem Feuer 30–40 Minuten garen. Verrühre die Petersilie mit dem Sauerrahm, würze mit Streuwürze und serviere dies separat zum Gericht.

SAUERKRAUTSALAT

250 Gramm Sauerkraut
1 säuerlicher Apfel (z.B. Boskop), klein gewürfelt
1/2 grüner, roter oder gelber Gemüsepaprika/Peperoni, in Streifen geschnitten
150 Gramm magerer Schinken, klein gewürfelt
3 Eßlöffel getrocknete Weinbeeren (nach Belieben)

für die Sauce:
1/2 Eßlöffel Weinessig
1 Eßlöffel Bienenhonig
Salz, Pfeffer
geriebener Meerrettich
2 Eßlöffel Sonnenblumenöl

Gib das Sauerkraut in eine Schüssel, zerpflücke es mit einer Gabel und gieße die Salatsauce dazu. Mische die übrigen Zutaten bei. Wenn Du willst, kannst Du den Salat mit etwas Rahm oder Joghurt verfeinern. Wichtig: Den Salat nicht allzu kalt servieren.

Varianten:
Du kannst den Gemüsepaprika weglassen;
Du kannst Ananasstücke (frische oder aus der Dose) und/oder Nüsse untermischen;
Du kannst anstelle der Weinbeeren mit frischen, halbierten Traubenbeeren garnieren.

SCHNECKEN

Schnecken werden meist vorgekocht verkauft. Einfach und angenehm ist ihre weitere Zubereitung in kleinen Töpfchen; gleich zubereitet werden sie, mehrere Portionen zusammen, in einer größeren, feuerfesten Form.

– **mit Kräuterbutter:** Gib pro Person je 6–9 Schnekken in ein kleines, ausgebuttertes Töpfchen, gib 2 Eßlöffel Kräuterbutter (s. Seite 61) darüber, den Du mit etwas Knoblauch und Pastis (Pernod, Ricard) gewürzt hast. Erhitze im Ofen bei 180 Grad.

Jeanne Nicod in Saint-Blaise (Kanton Neuenburg) streut pro Portion gut 1 Teelöffel Paniermehl darüber; dem Paniermehl kann auch Parmesan beigemischt werden.

– **an „Dies und das"-Sauce:** Nimm für 1 Portion (6–9 Schnecken) 3 Eßlöffel „Dies und das"-Sauce (s. Seite 21), erwärme sie in einem Pfännchen. Schlage mit dem Besen pro Portion 1 Eßlöffel Butter darunter ● Gib die Schnecken hinein und verteile sie, wenn sie warm sind, mit der Sauce in gut vorgewärmte Töpfchen oder auf Teller. Bestreue nach Belieben mit Kräuter oder Blüten.

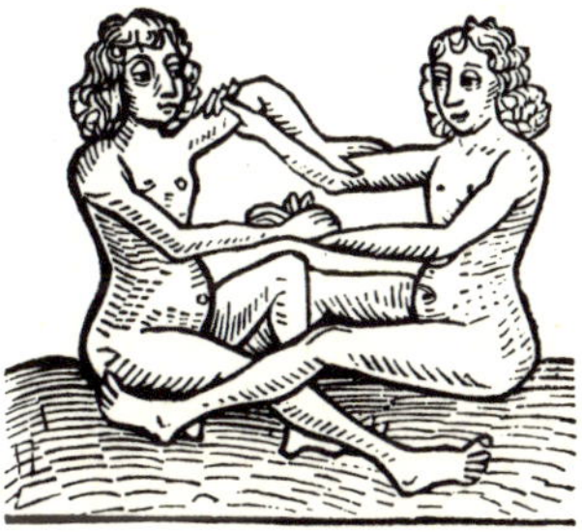

SCHILDKRÖTE, FALSCHE, MIT MANDELN

Tortuga falsa con Almendras (Guatemala)

1 Kalbskopf
500 Gramm Tomaten, geschält und entkernt
1 Zwiebel, fein gehackt
Butter oder Öl
1 Tasse grüne, entkernte Oliven
1 Tasse Mandeln, gemahlen
250 g Kartoffeln, gekocht und gewürfelt
1/2 Tasse frische, gehackte Kräuter
Salz, Pfeffer

Koche den Kalbskopf so lange in leicht gesalzenem Wasser, bis sich das Fleisch gut von den Knochen lösen läßt. Schneide es in Vierecke ● Ziehe im Fett die Zwiebeln an, gib die Tomaten dazu, laß es 20 Minuten kochen. Füge dann Fleisch, Mandeln, Oliven und Kartoffeln hinzu und etwas vom Kalbskopfsud, damit das Gericht leicht suppig wird. Gib die Kräuter hinzu und schmecke mit Salz und Pfeffer ab.

SCHWEINEFILET IN BIER

Filete de Cancho con cerveza (Mexiko)

600 Gramm Schweinsfilet
Salz, Pfeffer
1 Zwiebel, gehackt
2 Knoblauchzehen, durchgepreßt
Fett zum Braten
Paprika nach Belieben
1/2 Liter helles Bier

Salze und pfeffere das Filet und brate es mit der Zwiebel ringsum an. Gib Knoblauch und Paprika dazu, lösche mit dem Bier ab. Schiebe die Pfanne in den vorgeheizten Ofen (180°C). Während des Bratens mit dem restlichen Bier und immer wieder mit dem Bratensaft übergießen.

Das Gericht gelingt auch – fast noch besser – mit Schweinshals.

SPECKKUCHEN

(Ardennen)

450 Gramm Mürbeteig
3 dicke Lauchstengel, in dünne Ringe geschnitten
2 Eßlöffel Butter
125 Gramm gebratener Schweinshals, kleingewürfelt
100 Gramm Frühstückspeck
3 Deziliter Bier
1 Deziliter Rahm
3 Eigelb
2 ganze Eier
gehackte Kräuter wie Kerbel, Petersilie, Estragon
Salz, Pfeffer, Muskat

Walle den Teig etwa 3 mm dick aus und lege damit ein bebuttertes Backblech aus. Ziehe in der Butter den Lauch an; gieße etwas Bier hinzu und dünste ihn weich. Die Hälfte des Lauchs verteilst Du auf dem Teig, darüber gibst Du das Schweinefleisch und dann den Rest des Lauchs. Belege alles mit den Speckstreifen, die Du vorher knusprig gebraten hast ● Rühre nun eine Sauce aus Bier, Eigelb und den verquirlten Eiern an, würze sie mit Salz, Pfeffer und Muskat, mische dann die Kräuter darunter. Gieße die Sauce über den Lauch-/Fleischbelag. Backe den Kuchen bei 180 bis 190 Grad etwa 40 Minuten lang.

Varianten zu diesem Speckkuchen gibt es viele. Du kannst z. B. auf das Schweinefleisch verzichten und stattdessen das Doppelte oder Dreifache an Lauch nehmen. Du kannst dem Bier-/Eierguß Reibkäse untermischen. Du kannst dem Lauch auch etwas Pilze beigeben oder überhaupt auf ihn verzichten und den Kuchen ausschließlich mit Pilzen (Steinpilze, Eierschwämme, Champignons) zubereiten. Mit einem Käseguß schmeckt ein solcher Pilzkuchen besonders gut. Vor dem Servieren – diese Kuchen werden alle warm gegessen – wird, jedenfalls beim Pilzkuchen, vielfach feingehackte Petersilie darübergestreut; beim Speck- und Lauchkuchen geben darübergestreute, in Butter geröstete Lauchringlein dem Kuchen einen besonders pikanten Geschmack.

Tau: *Frühmorgens, nach Beendigung des Hexenfestes sammeln die Hexen den wie Perlen glitzernde Tau, seine Bedeutung ist geheimnisvoll, vom Mond kommend, kann er Unsterblichkeit verleihen. Vielfach wird der Tau denn auch als Zutat zu Salben und Bäderessenze gesammelt. Als Sinnbild der Befruchtung und Fruchtbarkeit findet er ebenfalls Verwendung in Mixturen und Getränken.*

TOMATEN-/ZUCCHINI-SALAT

Fiambre de Pasques (Guatemala)

4–6 Tomaten
3–4 junge Zucchini/Zucchetti
1 Zwiebel
1 grüne oder gelbe Peperoni/Gemüsepaprika
Saft von 1/2 Zitrone
3 Eßlöffel Essig
Salz und schwarzer Pfeffer
1 Deziliter Öl
1–2 Knoblauchzehen, fein gehackt
2–3 Eier, geviertelt
1 Handvoll schwarze, entkernte Oliven, grob gehackt
1–2 Eßlöffel gehackte Kräuter
8 Sardellenfilets, in Stücke geschnitten

Die Tomaten achteln, die Zucchini (ungeschält) in feine Scheiben schneiden, die Zwiebel grob hacken, die Peperoni schälen und in Streifen schneiden ● Bereite aus Zitronensaft, Essig, Salz, Pfeffer und Öl eine Salatsauce zu, gib den Knoblauch, die Oliven und die Kräuter bei. Vermische die Sauce mit den Gemüsen. Lasse eine halbe Stunde ruhen ● Mische nochmals, gib dann die Sardellen und Eier zu.

Umkehrung: *s. à rebours*

Viereck/Quadrat: *Im Gegensatz zum Kreis (s. dort), gilt das Viereck bzw. Quadrat als Zeichen des Begrenzten und der materiellen Welt, zusammengesetzt aus den vier Elementen (s. dort). – Weiterhin ist das Viereck/Quadrat auch das Symbol der vier Himmelsrichtungen.*

Werkzeuge/Utensilien: *Die Hexen benutzen acht Werkzeuge oder Geräte. Fünf davon, nämlich Schwert, Kerzenleuchter (oder Flamme, welche die Energie darstellt), Becher, Räucherbecken (für Räucheressenzen) und Messer werden für bestimmte Handlungen verwendet, drei sind jedoch für alle Zeremonien notwendig: der Stab, die Kordel, der Ring. Der Stab ist der Zauberstab des Seelenführers, der durch die Unterwelt geleitet; in England und den USA ist er auch die Gerte, mit der Kraft geschlagen wird. Die Kordel ist das Seil, mit dem die Hexe an die Regeln gebunden ist, ähnlich der Kordel der Mönche und Nonnen, die wie bei diesen meist als Gurt getragen wird. Der Ring ist das Zeichen der Wiedergeburt (s. Kreis).*

WHISKY-HÄPPCHEN

(Bread of friendship (Irland)

Du nimmst einige Scheiben Brot beliebiger Wahl, röstest oder grillierst sie auf beiden Seiten, streust Salz darüber und beträufelst sie beliebig stark mit Irish Whisky ● Bestreiche dann die Brote mit einer Paste, die Du aus etwas Butter, gehackten Eiern und viel gehackter Brunnenkresse oder/und einem andern Wildgemüse zubereitet hast. Schneide die Brotscheiben in mundgroßc Häppchcn, die Du zum Aperitif reichen kannst.

WILDSCHWEINSCHNITTEN

1 Kilo Wildschwein
Salz, Pfeffer
2 Karotten, etwas Sellerie
1 mittelgroße Zwiebel
1 Büschel Petersilie
2 Knoblauchzehen
1 Glas Rotwein
1 Lorbeerblatt, 2 Nelken
2–3 Wacholderbeeren
Salz, Pfeffer, etwas Senf

Gib das Fleisch in eine Kasserolle und begieße es mit soviel heißem Salzwasser, daß es gerade bedeckt ist. Laß es etwa 20 Minuten köcheln und gib dann die übrigen Zutaten hinzu. Würze mit Salz, Pfeffer und Senf ● Laß zugedeckt köcheln, bis das Fleisch gar ist.

Nimm die Kasserolle vom Feuer und lasse das Fleisch noch etwa 10 Minuten zugedeckt im Sud ruhen ● Schneide es dann in Scheiben und gib Hagebuttenmarmelade und geriebenen Rettich dazu.

Anna Pompl in Bamberg serviert die Wildschweinschnitten auf einem Sauerkrautsalat, den sie mit etwas Sauerrahm verfeinert hat; vor dem Servieren bestreicht sie das noch warme Fleisch mit Hagebuttenmarmelade (Johannisbeergelee eignet sich ebenfalls).

WILDGEMÜSESUPPEN

Bärlauchsuppe (Ostschweiz): Schneide 3 Handvoll Bärlauch in feine Streifen und dünste diese in 3 bis 4 Eßlöffel Butter an. Gieße dann gut 1 Liter Wasser hinzu und lasse alles leicht köcheln. Binde mit 2 Teelöffel Stärkemehl, das Du in etwas Weißwein angerührt hast. Schlage 2 Eier mit der Gabel und gebe diese in die Suppe. Richte über gerösteten Brotwürfeln an.

Brennesselsuppen (Bretagne): Gib 1 Pfund junge, gewaschene Brennesselblätter mit 2 in Würfel geschnittenen Kartoffeln und 2 gehackten, weißen Zwiebeln in 1 Liter kochendes, leicht gesalzenes Wasser. Zugedeckt köcheln lassen, bis die Kartoffeln weich sind ● Streiche dann die Suppe durch ein Sieb, füge 3 Eßlöffel Rahm und 3 Eßlöffel Butter bei, würze mit Pfeffer und Koriander. Lasse die Suppe nochmals heiß werden (jedoch nicht zum Kochen bringen) und serviere sie mit gerösteten Brotwürfeln.

Huflattichsuppe (Japan): Nimm etwa 10–12 Stengel jungen Huflattich und schneide sie in Streifen. Röste 3 Eßlöffel weißen Sesam und verreibe ihn, schneide etwa 100 Gramm Tofu (Sojakäse) in etwa 1 cm große Würfel. Verquirle 2 Eier. Lasse gut 1 Liter Fleisch-, Hühner- oder auch Fischbouillon aufkochen, rühre 1

Teelöffel Maisstärke hinein, würze mit 1 Eßlöffel Sojasauce, gib Sesam, Tofu und Eier hinzu, gieße die Suppe über den in Schalen angerichteten Huflattich.

Malven-Suppe (Bayern): 1 Strauß Wiesenmalve mit Sauerampfer, 200 Gramm Spinat oder/und Mangold, 1 kleinen Kopfsalat oder 100 Gramm Feldsalat sowie 1 Lauch klein hacken. In Butter anziehen, 1 Liter Bouillon zugießen, aufkochen. Nach Belieben würzen.

Sauerampfer-Suppe mit Lauch und Kartoffeln (Normandie): Schäle 250 Gramm Kartoffeln und schneide sie in Würfelchen. Schneide 1–2 Lauchstengel in Rädchen und dünste beides etwa 10 Minuten in 1 Eßlöffel Butter. Gieße knapp 1 1/2 Liter Wasser zu und koche solange, bis Kartoffeln und Lauch weich sind. Streiche alles durch ein Sieb ● Hacke 150 Gramm Sauerampfer und dünste ihn in etwas Butter. Schlage 3 Eigelb, mische sie mit etwa 1 1/2 Deziliter Rahm und gib sie in eine vorgewärmte Suppenterrine. Gib den Sauerampfer darüber und gieße die kochendheiße Suppe dazu. Würze nach Belieben.

WILDPFLANZEN-SALATE

Bärlauch-Salat: Nimm 2 Hände voll frischen Bärlauch, schneide ihn in grobe Streifen und mische ihn mit einer Salatsauce, die Du mit etwas Zitronensaft, Olivenöl, Salz und Pfeffer zubereitet hast. Du kannst den oft scharfen Geschmack des Bärlauchs mindern, wenn Du der Sauce Joghurt beigibst ● Iß, wenn Du einen empfindlichen Magen hast, nicht zuviel davon; oder dann zu Brot (in der Pfanne beidseitig gebäht) oder zu gekochten Eiern.

Suzanne Hollein, Voralberg, schneidet den Bärlauch in feine Streifen und gibt ihn dicht auf dick mit Butter bestrichenes Brot.

Brunnenkresse-Salat: Nimm die Dotter von 2 hartgekochten Eiern, zerdrücke sie so fein wie möglich mit der Gabel und vermische sie mit 2 Eßlöffel Weinessig, 3 Eßlöffel Olivenöl und je 1 Prise Zucker, Salz und Pfeffer zu einer Sauce. Diese Sauce erst bei Tisch über die Kresse gießen, da diese schnell zusammenfällt. Den Salat kannst Du mit dem gehackten Eiweiß sowie mit weiteren gehackten harten Eiern garnieren.
Vorzüglich schmecken mit feingewiegter Brunnenkresse gewürzte Rühreier oder französische Omeletten.

Hopfensprossensalat: Die Hopfensprossen in Salzwasser knapp gar kochen und mit einer Sauce aus Essig, Öl, Pfeffer, Salz, Schnittlauch und einem hartgekochten, durchgestrichenen Eigelb anmachen.
Gut schmecken die gekochten Hopfensprossen auch mit einer leichten Mayonnaise.

Löwenzahn-Salat: Junge Löwenzahnblätter kannst Du, nach Belieben in feine Streifen geschnitten, in einer Sauce aus Essig, feingehackten Zwiebeln und Öl anmachen. Je nach Geschmack einige Bärlauchblättchen oder Gänseblümchen (Blätter oder/und Köpfe) beifügen ● Wer den etwas bittern Geschmack von etwas älterem Löwenzahn nicht mag, kombiniere ihn mit Sauerampfer, Brunnenkresse, Kerbel, Basilikum usw.; Du kannst auch die Salatschüssel zuerst mit einer Knoblauchzehe ausreiben ● Gerne kombiniert wird Löwenzahnsalat auch mit halbweich gekochten Eiern oder dünn geschnittenem Greyerzer-Käse oder mit heißen, knusprig gebratenen Speckwürfelchen, die mit dem ausgelassenen Fett über den Salat gegeben werden.
Gut zu Löwenzahnsalat schmeckt Knoblauch-Brot.

WÜRZBUTTER

Die Zubereitung ist für alle Arten ähnlich; die Mengen der Zutaten hängen vom persönlichen Geschmack ab. Die Würzbutter würzt Fisch-, Geflügel und Fleischgerichte. Auf getoastetes Brot gestrichen, eignen sich die meisten – z.B. Kräuter- und Wildkräuterbutter, Nußbutter, Sardellenbutter – als Grundlage für zu einem Aperitif gereichte Klein-Sandwiches. Diese müssen nur noch mit einigen passenden Zutaten – Eischeiben, halbierte Radieschen, Käsewürfel usw. – garniert werden.

Kräuterbutter: Zubereitung s. Wildkräuterbutter. Zutaten, feingehackt: Basilikum, Estragon, Kerbel, Majoran, Petersilie, Schnittlauch usw. in der gewünschten Kombination. Gewürzt wird mit Salz, Pfeffer und Zitronensaft. Wie die Wildkräuterbutter kann die Kräuterbutter ebenfalls mit Sardellen, Knoblauch, Kapern, Schalotten usw. variiert werden.

Nußbutter: Von den gerösteten Nüssen (Haselnüsse, Mandeln, Pistazien) die Haut abziehen. Im Mörser zerstoßen, dabei nach und nach einige Tropfen Wasser zugeben. Mit weicher Butter vermengen, salzen und pfeffern. Durch ein feines Sieb streichen.

Sardellenbutter: Die Sardellenfilets abspülen, mit weichgerührter Butter vermengen. Pfeffern. Durch ein Sieb streichen.

Wildkräuterbutter: Übergieße die Wildkräuter (Sauerampfer, Brunnenkresse, Spinat usw.) mit kochendem Wasser. Abtrocknen lassen, fein hacken. Mit feingehackten Gartenkräutern (s. Kräuterbutter) mischen, mit weichgerührter Butter vermengen. Würze nach Belieben mit Salz, schwarzem Pfeffer, Chilipulver und Zitronensaft. Streiche dann die Butter durch ein feines Sieb. Der Butter kann beigemischt werden:
– abgespülte, feingehackte Sardellenfilets und Eigelb
– feingehackte Kapern, Knoblauch, Schalotten.

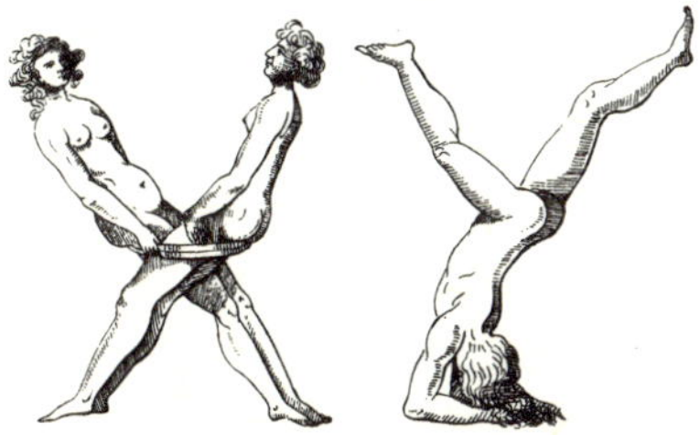

WEISSE BOHNEN-EINTOPF

Cassoulet de Castelnaudry (Languedoc)

Für 5 bis 6 Personen
500 Gramm weiße Trockenbohnen (am Vorabend eingeweicht, dann weichgekocht)
600 Gramm Schweinefleisch, in Stücke geschnitten
Schweinefett, Gänseschmalz oder Butter
1 Schweinsfüßchen
1 Knoblauchwurst
1 Schinken- oder Speckschwarte
1 große Zwiebel, gehackt
1/4 Sellerie, 1 Karotte und
1 Stange Lauch, alles gewürfelt
Knoblauch nach Belieben
Fleischbouillon und Weißwein
Lorbeer, Thymian, Rosmarin
Salz und Pfeffer
1 Büschel Petersilie, fein gehackt
5–6 Eßlöffel Paniermehl

Brate das Schweinefleisch an, salze und pfeffere es. Gib die Schinken- oder Speckschwarte hinzu, ebenfalls die Zwiebel, den Knoblauch und das Gemüse (ohne Tomaten). Lösche mit etwas Weißwein oder Bouillon ab (das Fleisch soll knapp bedeckt sein) und lasse 30 Minuten schmoren ● Gib dann die vorgekochten Bohnen, die Tomaten, die Gewürze hinzu. Gieße notfalls Bouillon nach, das Gericht darf nie trocken sein. Laß weitere 30 Minuten kochen ● Nun kannst Du alles in ein feuerfestes Tongefäß umgießen. Streue Paniermehl über die Bohnen, gib reichlich Butterflocken (oder zerlassenes Gänseschmalz) darüber ● Im vorgeheizten Ofen ohne Deckel bei 180 Grad etwa 1 Stunde backen, d.h. bis sich eine goldbraune Kruste gebildet hat.

Das „Cassoulet de Carcassonne“ enthält zusätzlich Lammfleisch und – während der Herbst- und Wintersaison – Wildgeflügel. Dem „Cassoulet de Toulouse“ wird außerdem noch Gänse- und Entenfleisch (frisch oder eingemacht) zugegeben.
Bequemerweise können auch Weiße Bohnen aus der Dose verwendet werden. Ebenfalls kann das Paniermehl in Fett in der Pfanne geröstet und über die Bohnen gestreut werden, dies z.B., wenn das Gericht auf dem Herd gekocht wird.

Zahlen, magische: *Für die Hexen hat die Null (Symbol des in sich geschlossenen Kreises) wie auch die Zahlen von Eins bis Neun ihre Bedeutung. Wichtig ist ihnen aber auch die Zehn (2 × fünf Finger, Einheit und begrenzendes Totalitäts-Symbol), die Elf (als Zahl der Sünde, da sie die Zehn, die begrenzende Einheit überschreitet) und die Zwölf (als glücksbringende Zahl, Zahl der Tierkreiszeichen usw.) Die Dreizehn hat schon durch die Mondmonate des Jahres eine große Bedeutung. Die Zahl 13 ist aber auch die Zahl eines normalen Hexenkreises, eines sogenannten „Convens“. Es nehmen daran sechs Paare teil, die Nr. 13 (Frau oder Mann) steht außerhalb des Kreises und versucht sicherzustellen, daß sich die Kräfte der Teilnehmer in der Gemeinschaft finden, d.h., daß die Individualität im Kollektiv aufgeht. Es wird angenommen, daß der Hosenbandorden „ursprünglich ein Hexenorden gewesen sei, der aus 13 Gruppen von je 13 Personen bestanden habe, gemäß den alten Büchern“ (Martin Hürlimann).*

Die Symbolik der Hexenzahlen könnte der altsteinzeitlichen Glozel-Schrift entstammen. (nach H. R. Hitz)

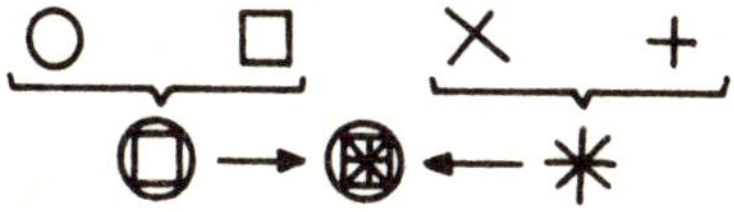

ZWIEBELKUCHEN

Tarte aux oignons à la biere (Bretagne)

450 Gramm Mürbeteig
$1^1/_4$ Kilo Zwiebeln, grob gehackt
$^1/_4$ Liter helles Bier
2 Eier
$^1/_8$ Liter Doppelrahm
1 Eßlöffel Butter
Salz, Pfeffer, Muskatnuß

Gib die Zwiebeln in eine Kasserolle, gieße das Bier dazu und lasse auf kleinem Feuer unter gelegentlichem Rühren so lange köcheln, bis die Zwiebeln vermantscht und das Bier aufgesogen ist ● Nimm die Kasserolle vom Feuer. Verrühre Eier und Rahm, würze mit Salz, Pfeffer und Muskat. Rühre dies unter die Zwiebeln ● Rolle den Teig zu einem Rondell von 3 mm Dicke aus, lege damit ein bebuttertes Backblech aus. Steche den Teig mit der Gabel ein. Gib die Zwiebelfüllung hinzu. Lasse den Kuchen im vorgeheizten Ofen 30 Minuten bei 220 Grad backen.

DER HEXENSABBAT

Lebkuchenhaus. Aus „Das Schlaraffenland“,
Einblattdruck, Ende 15. Jh.

◀ **Das Sabbat-Mahl**

Bei der Darstellung eines Hexen-Sabbats (s. Vorderseite) interessiert uns vor allem die Tafelszene rechts unten. Männer und Frauen sitzen mit gehörnten und mit Schmetterlingsflügeln versehenen Wesen um einen Tisch. Was sie essen, scheint nach einem Schenkel und dem Kopf eines Kleinkindes auszusehen. Das Bild ist eine Umrißzeichnung zu einer Radierung in De Lancres Buch über das Treiben der Hexen. Pierre de Lancre (gest. 1630) war Hexenrichter in den Bezirken von Bayonne und Labourd; er lieferte die Angaben zu diesem Bild, die angeblich von den Hexen „ohne Folter“ verraten worden waren. Vermutlich zogen sie das freiwillige Bekenntnis den Martern vor; die armen Frauen sollen sich bei ihren phantastischen Berichten geradezu übertroffen haben.

Das Hexen-Knusperhaus

Auf den vorstehenden Rezeptseiten ist eine Speise nicht aufgeführt, obschon sie wohl die berühmteste aus der Hexenküche ist. Es ist der Leb- oder Pfefferkuchen, allgemein bekannt aus dem Märchen von Hänsel und Gretel.
Bis zur Mitte des 19. Jahrhunderts war der Lebkuchen eines der wenigen Süßgebäcke und für arme Leute ein unerreichbarer Genuß. Die Hexe konnte also sicher sein, daß sich die Kinder damit verlocken ließen.
Die Hexe kannte nicht nur eine Zubereitungsart für Lebkuchen. Die nebenstehende Illustration zeigt jedenfalls die verschiedensten Lebkuchen, gleiches ist auch im Märchen selbst nachzulesen.

Der wahre Hexenkuchen

ist ähnlich, doch älter als der Lebkuchen. Er wurde für den Sabbat der Sommer-Sonnenwende und der Winter-Sonnenwende gebacken. „Du sollst“, so heißt es, „Kuchen formen aus Mehl, Wein, Honig und Salz in der Gestalt eines aufgehenden oder absinkenden Mondes und sie dann backen. Und so soll es vollbracht werden: niedersetzen sollen sich alle nackt zum Mahl, Männer und Frauen. Und wenn das Mahl vorbei ist, sollen sie tanzen.“

HONIGLEBKUCHEN

für gut 50 Stück:
500 Gramm Honig
250 Gramm Zucker
250 Gramm Mandeln
120 Gramm Orangeat und Zitronat
die geriebene Schale 1 Zitrone
15 Gramm Zimt
je 1 Prise Nelken und Muskat
4–5 Gramm Pottasche
500 Gramm Mehl, Backfett

Bringe Honig und Zucker zum Kochen, nimm's sofort vom Feuer, schäume ab und wiederhole dies noch zweimal. Gib Mandeln, Orangeat, Zitronat, Zitronenschale und die Gewürze in eine Schüssel. Gieße den heißen Honig darüber und verrühre alles ● Nach kurzem Abkühlen kannst Du das mit der Pottasche vermischte und gesiebte Mehl zugeben. Schlage dann den Teig bis zum Erkalten. Bestäube den Tisch mit Mehl. Walle darauf den Teig etwa 1/2 cm dick aus. Schneide daraus Lebkuchen, reihe sie auf ein gefettetes Backblech und lasse sie über Nacht ruhen ● Backe sie anderntags bei guter Hitze hellbraun.

LEBKUCHENKONFEKT

für etwa 120 bis 150 Stück:

1 Kilo Honig
1 Kilo Mehl, gesiebt
2 Eier
4 Eßlöffel Mehl
30 Gramm Zucker
25 Gramm Lebkuchengewürz
oder entsprechend viel Zimt-, Nelken- und Muskatpulver
je 10 Gramm Triebsalz und Pottasche, in Wasser angemacht

Erwärme den Honig auf gut 60 Grad, lasse ihn auf Handwärme abkühlen und knete ihn mit dem Mehl zu einem gut durchschaffenen Teig, laß ihn in einem verschlossenen Gefäß im Keller 2 bis 3 Monate (!) ruhen. ● Rühre dann die Eier mit dem Zucker schaumig, gib 4 Eßlöffel Mehl, Gewürze und Triebsalz/Pottasche bei. Den Teig zugeben und solange mischen, bis er glatt ist. Rolle ihn etwa 4 mm dick aus, gib ihn auf ein schwach gefettetes und mit Mehl bestäubtes Blech und backe ihn bei 180 Grad langsam durch ● Schneide den Lebkuchen in 4 bis 5 cm große Stücke. Bestreiche sie warm mit Zuckerwasserglasur.

GETRÄNKE

Von den mit dem Hexenkult eng verbundenen alkoholischen Getränken wie Absinth und Aniselixiere, Rum, Wermut, Wacholderbranntwein, Whisky usw. sei hier das ureigenste aller Hexengetränke, das Bier vorangestellt ● Anschließend aufgeführt sind einige Apéritifs, Likörs, Erfrischungs- und Liebesgetränke. Auf heilwirkende Kräutertees ist verzichtet worden; über Heiltees besteht zudem eine reiche, allgemein zugängliche Literatur.

Bier: Seine Erfindung wird den Hexen Alt-Ägyptens und Babylons zugeschrieben. Dieses Bier war, wie übrigens alle Biere bis zum Jahr 1000 n. Chr., noch ungehopft. Geschmacklich verbessert wurden diese leichtverderblichen Biere durch den Zusatz von Eichenblättern, Baumrinde, Wacholder und dergleichen*. Heute wird das Bier durch Gärung mit Hefe aus Gerstenmalz, Wasser und Hopfen hergestellt.
Bis ins 15. Jh. ist ein Überwiegen der Frauen im Braugewerbe nachgewiesen (s. Sergius Golowin), aus dieser Zeit haben sich gewisse Brauer-Rituale erhalten. Dem aufmerksamen Bierbrauer bleibt z.B. nicht verborgen, daß auch in einem volltechnisierten Betrieb das in Vollmondnächten gebraute Bier (insbesondere das dunkle Bier) „besonders lieblich schmeckt und die Menschen ruhig und sehr zufrieden macht". (Werbung Brauerei Hürlimann, Zürich).
Im Zusammenhang mit dem Bier ist jeweils das sechseckige Sternzeichen, das Hexagramm zu sehen. Es ist die Verbindung der vier Elemente (s. Seite 15), die überhaupt das Bierbrauen ermöglichen: das Wasser, dann Gerstenmalz und Hopfen für die Erde, das Feuer unter der Braupfanne und die Kohlensäure, der „Geist" im Bier, für die Luft. Das ergibt das Hexagramm. „Wer sich damit identifiziert und das Bier trinkt, identifiziert sich mit der sichtbaren Schöpfung, d.h. mit allen Elementen" (Martin Hürlimann).

Vom Bier.

Item / man solle nemen ein handuel gutes gebrätes saltz / vnd das mengen mit wasser ein Maß / oder zwo / vnnd inn das Fassz giessen / vnnd vber nacht ruwen lassen / so würt es darnach schaumen, daß es lustig wirt zutrincken.
Item das magst du auch einem Wein thun / ehe man jn anzäpffe.

¶ Wie man Bier soll machen / daß es lieblich zu trincken seye.

Item henck darein ein halb pfund Rote Benedicten wurtzeln / mit wilder Salbey.

* Es wurden oft auch Heilkräuter beigemischt, da Bier früher ebenfalls als Heilmittel galt. In den Sagen spielt auch das „Hexenbier" eine bedeutende Rolle. Es wird angenommen, daß es narkotische Zusätze enthielt, u.a. auch gefährliche Kräuter wie Bilsenkraut, wie Polizeiberichten aus dem 16.–17. Jh. zu entnehmen ist. (nach Sergius Golowin)

Ale-posset (Irland): 1 Tasse Ale mit 1/2 Teelöffel Ingwerpulver, je 1 Prise Muskat- und Nelkenpulver und 1 knappen Eßlöffel Zucker unter Rühren aufkochen. 1 kleine heiße Milch zugießen. Heiß trinken.

Bierpunsch kalt (pro Person): 1 Teelöffel Zuckersirup mit etwas Zitronensaft und je einem kleinen Gläschen Sherry dry und Weinbrand schütteln. Etwas Zitronenschale in ein 1/4-Literglas geben, die Mischung darüber gießen, mit kaltem, hellem Bier auffüllen.

„Black Velvet“ (pro Person): In ein kaltes Glas 1/4 Liter gut gekühltes, dunkles englisches Starkbier gießen, vorsichtig knapp 1/8 Liter kalter, trockener Champagner oder Sekt zugießen.

Bierpunsch warm (pro Person): 1 frisches Ei mit 1 guten Prise Zucker, 1 Prise Zimt und 1 Hauch Nelkenpulver schaumig rühren, 1 kleines Gläschen weißen Rum und 1/8 Liter helles Bockbier zugießen, aufs Feuer geben. Nach dem ersten Aufwallen durch ein Sieb in ein vorgewärmtes Glas sieben.

Good Night-Beer I (pro Person): 1/4 Liter dunkles Bier mit 1 gehäuften Eßlöffel Zucker und etwas Zimt und Zitronenschale aufkochen. 1 Eigelb mit 3–4 Eßlöffel verrühren und unter Schlagen in das Bier geben. Durch ein Sieb in eine Tasse gießen.

Good Night-Beer II (pro Person): 1/4 Liter dunkles Bier erwärmen, 1 Eßlöffel und 1 knappen Teelöffel Ingwersirup untermischen. Je 1 Prise Pfeffer und Zimt sowie 1 Hauch Nelkenpulver zugeben. 3–4 Stunden ruhen lassen. Dann wieder erhitzen und in eine vorgewärmte Tasse geben.

Absinth (die Herstellung von echtem Absinth ist verboten, dieses Rezept für einen nicht destillierten Absinth bietet einen gewissen Ersatz): 100 Gramm getrockneter großer Wermut, 30 Gramm getrockneter Alpenwermut, 25 Gramm getrocknetes Ysopkraut, 30 Gramm getrocknete Zitronenmelisse und 100 Gramm zerstampfter Anis mit 2 Liter Trinksprit (85°) mischen. 10–12 Tage an der Wärme ziehen lassen, gelegentlich umrühren. Dann durchsieben und in Flaschen abfüllen. Zum Trinken ein Glas zu etwa 1/3 mit der Flüssigkeit auffüllen, Wasser zugießen, nach Belieben mit Zucker süßen. Nach der Zugabe von Wasser färbt sich die Flüssigkeit milchig-hellgrün.

Absinth ist ein Destillat von Wermutkräutern (herba absinthi franz. absinthe), denen noch andere aromatische oder bittere Kräuter hinzugefügt werden wie Anis, Fenchel, Sternanis, Ysop, Zitronenmelisse usw. Er wird vielfach, (s. nachstehend) als Hexenelixier verschrieen.
Die Hundertjährigen aus dem schweizerischen Val-de Travers, aus Pontalier und aus dem nahen französischen Jura (früher die Hauptproduktionsgebiete für Absinth), schreiben dem erfrischend-würzigen Getränk ihre Langlebigkeit zu. Viele Künstler wie Ribaud und Verlaine rühmten seine anregende Wirkung. In den meisten Ländern ist die Herstellung und der Vertrieb des als „grüne Hexe“ verschrieenen oder als „grüne Fee“ gelobten Getränks verboten. Tatsächlich kann sich bei übermäßigem Genuß der hohe Gehalt an Thujon und Tanaceton auswirken.
Ein unschädlicher Absinth-Ersatz ist der Pastis (Pernod, Ricard usw.), doch enthält er, wie auch andere ähnlich schmeckende Anisgetränke (Raki, Ouzo usw.), keine Wermutkräuter.

Aniswasser: 1 Liter Weintrester je 50 Gramm Anis- und Fenchelsamen, 1 gute Prise Sternanis sowie 1 Nelke und 2 Zitronenschalenspiralen zugeben. 8 Tage an einem warmen Ort ziehen lassen. Nach Belieben mit Honig süßen.

Apéritif-Wein (für 6–8 Personen): 1 Liter weißem Burgunder einige Tropfen Angostura oder sonst ein Kräuterbitter sowie, nach Belieben, 1–3 Wacholderbeeren zugeben. Die feingeschälten Schalen von 2 Orangen beifügen. 2–3 Stunden ruhen lassen, vor dem Servieren mit 1/4 Liter Cassis mischen.

Aphrodisischer Port (für 2 Personen): 3–4 Stückchen Zucker in ein Gefäß legen. Mit 2 Gläsern Portwein übergießen. 1 Teelöffel Curaçao sowie 1 Gläschen Wasser zugießen, mit starker Hitze zum Kochen bringen. In zwei Tassen oder Gläser aufteilen. Auf das Getränk eine Zitronenscheibe legen, die mit 1 Nelke besteckt und mit Muskat bestäubt ist.

Aphrodisischer Wein (jeweils 1 Gläschen nehmen, wenn's nötig ist): Je 30 Gramm Vanillestange, Zimtstange, Giseng und Rhabarber in 1 Liter weißem Burgunder ziehen lassen, täglich einmal umrühren. Dann durchsieben und in Flaschen verkorken.

Liebesmilch (für 2 Personen): 1 Vanillestengel in 1/2 Liter Milch köcheln lassen. Das Vanillemark auskratzen und mit knapp 2 Löffeln Honig der noch heißen Milch zugeben. Mit wenig Gayenne und, nach Belie-

ben, Zimt würzen. Vor dem Trinken 1 Schluck weißen Rum zufügen.
Barbara de Silva in Vera Cruz läßt mit der Milch 1–2 Eßlöffel Kakao aufkochen.

Liebeswein (reicht für mehrere Male): Die fein geschälten Schalen von 9 Orangen und 3 Zitronen sowie 1–2 Zimtstangen und 2 Nelken 1 Monat lang in 1 Liter Weintrester ziehen lassen. Ab und zu umrühren. Dann filtrieren. Bei Bedarf jeweils 1–2 Schluck davon in 1 Glas süßen Rhein- oder Moselwein gießen.

Maiwein (reicht als Bowle für 15–20 Personen): In ein Gefäß 3 Eßlöffel Zucker geben sowie 30 Gramm Melisse, 20 Gramm Johannisbeerblätter, je 5 Gramm Pfefferminze, Thymian und Estragon, 3 Salbeiblätter und 1 Prise Lavendel. 5–6 Flaschen Rhein- oder Moselwein darübergießen. 1/2 Stunde ziehen lassen. In das Bowlegefäß absieben. 1 in Scheiben geschnittene Zitrone zugeben. Kühl stellen. Vor dem Auftragen mit Apfel- oder Erdbeerblüten oder Veilchen schmücken.

Vespéro (Likör): In 1 Liter Branntwein 1 Teelöffel Anissamen, 1 Teelöffel Koriander, 1 Stück Angelika-Wurzel und die Schalen von je 2 Orangen und Zitronen ansetzen. Nach Belieben Zuckersirup zugießen.

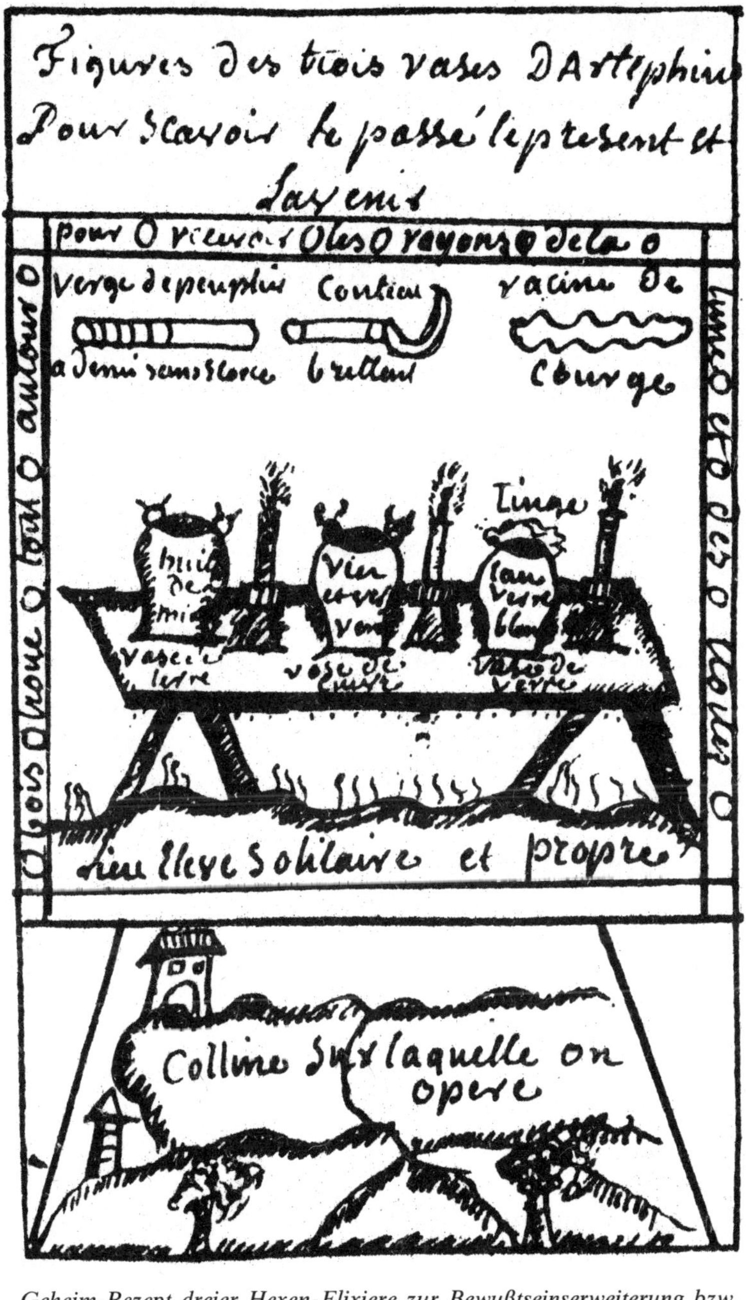

Geheim-Rezept dreier Hexen-Elixiere zur Bewußtseinserweiterung bzw. zur Erkenntnis von Vergangenheit, Gegenwart und Zukunft; die Darstellung ist als Gedächtnisstütze für Eingeweihte gedacht. Französisches Manuskript aus dem 18. Jahrhundert.

BÄDER

Für das **Frühlingsbad** sei folgendes empfohlen: Bringe 2 Liter Wasser kurz zum Kochen, erhitze dann nur noch so, daß das Wasser leise simmert. Gib je 100 Gramm getrocknete Brombeerblätter und Lavendelblüten bei, lasse diese eine halbe Stunde zugedeckt ziehen. Gieße dann den Kräutersud durch ein Sieb ins Badewasser. Füge eine Tasse Bienenhonig, 1 Teelöffel Olivenöl und nach Belieben einige Tropfen Lavendel-, Rosen- oder Melisseöl bei.

Für ein erfrischendes **Sommerbad** empfiehlt sich eine Mischung von 1 Eßlöffel Zitronenöl, 1/2 Teelöffel Pfefferminzöl und 4 Eßlöffel feinstem Olivenöl. Einem Vollbad gut 1 Eßlöffel davon zugeben, den Rest in einem dunklen Fläschchen aufbewahren.

Gib für ein **Herbstbad** 100 Gramm getrocknete Rosenblätter sowie je 50 Gramm getrocknete Lavendelblüten und Pfefferminze in ein Leinensäckchen, binde es zu. Übergieße das Säckchen in der Badewanne mit kochendheißem Wasser. Lasse dann das Badewasser einlaufen, füge diesem 1 knappen Teelöffel Lavendelöl bei. Laß während dem Bad das Säckchen im Wasser ziehen.

Für ein **Winterbad** mische 3 Eßlöffel Melisseöl mit 7 Eßlöffeln feinstem Olivenöl, füge nach Belieben einige Tropfen Duftwasser (s. nebenstehende Seite) bei. Von dieser Mischung benötigst Du für ein Vollbad gut 1 Eßlöffel.

PARFÜMS, ÖLE UND SALBEN

Als bestes **magisches Parfüm** gilt der natürliche Geruch. Frauen mit hellem Teint haben einen feinen Veilchengeruch, während solche mit dunklem Teint nach Moschus und Ebenholz duften. Rothaarigen haftet der Geruch von Wildkatzen an, blonde Frauen riechen nach Amber. Für den Hexentanz wird in der Regel eine Creme oder Salbe eingerieben, welche den natürlichen Duft unterstreicht.

Beliebt ist auch das Einsalben mit **Muskatöl** (1 Eßlöffel Muskatöl auf 4 Eßlöffel Olivenöl). Ebenfalls beliebt ist eine **Muskatöl/Nelkenöl-Mischung** (je 1/2 Eßlöffel Gewürzöle auf 4 Eßlöffel Olivenöl).

Als **Duftwasser** kann eine Mischung von 2 Eßlöffeln Nelkenessenz, 1 Eßlöffel Geranienessenz und einem halben Liter 95%igem Alkohol empfohlen werden. In einer dunklen Flasche etwa vierzehn Tage ruhen lassen. Dieses Duftwasser ist nicht gerade hautfreundlich. Mit ihm werden also nur die wenig empfindlichen Hautpartien der Arme und Beine eingerieben.

Als anregende **Liebessalben** seien Dir folgende zwei Rezepte empfohlen:
für Frauen: Nimm 1 Zimtstengel und 3 Salbeiblätter, zerreibe beides. Gib dies dann mit 1 Teelöffel Kardamon und 1 Deziliter Traubenkernöl in ein gut verschließbares Gefäß. 14 Tage ruhen lassen, jeweils schütteln. Dann in ein dunkles Fläschchen abseihen. – Schlage 1 Eigelb und gieße tropfenweise vom Oel hinzu, bis eine Creme entsteht. Bestreiche mit dieser der Liebe wichtigen Zonen. 1/2 Stunde einwirken lassen. Mit warmem Wasser reinigen.
für Männer: Gib 1/2 Vanillestengel in ein Gefäß, gieße je 1/2 Deziliter Muskat- und Pistazienöl hinzu. Wie oben ruhen lassen. Dann einstreichen, was wichtig ist.

HEXEN- ODER FLUGSALBEN

Die Hexensalben sollen bewirken, fliegend einen gewünschten Ort zu erreichen; in der Regel ist es der Hexensabbat. Das Wunder des Hexenflugs ist immer wieder untersucht worden. Im Laufe der Zeit haben sich viel Hauptmeinungen darüber gebildet:

- Die Hexe fliegt wirklich.
- Die Salbe bewirkt eine Metamorphose, die Hexe verwandelt sich in eine Eule, einen Uhu, einen Adler usw.
- Die Hexen können mit ihren Salben den Geist vom Körper trennen im Sinne der Spiritualisten, die lehren, daß der Astralleib des Menschen sich auf Reisen begeben kann.
- Die Salbe hat eine narkotisierende Wirkung, welche die Hexe glauben oder träumen läßt, daß sie fliegt und am Sabbat teilnimmt.

In der Regel wird die Salbe unter gewissen Beschwörungen eingerieben. Wobei bei einigen Salben nur Stellen mit dünner Haut (Lippen usw.), bei andern Fußsohlen und Handfläche oder die Achselhöhlen eingerieben werden, bei andern wieder der ganze Körper. Vielfach werden die zum Fliegen benutzten Zauberstäbe, Besen, Brotschaufeln, Heu- und Mistgabeln usw. ebenfalls eingerieben.

Es gibt mehrere Rezepte von Flugsalben. Sie sind jeweils mit grauslichen Zutaten angereichert wie das Fett ausgegrabener Kindsleichen, Fledermausblut, Kröten- und Schlangenfleisch usw. Der Sinn ist wohl, die Zubereitung zu erschweren und die wirklichen Bestandteile zu vernebeln. Immer wiederkehrende Angaben in einigen als authentisch angesehenen Rezepten gelang es, die denkbaren Bestandteile* der Salbe auszusondern, doch fehlen die Angaben, in welchem Verhältnis diese Zutaten gemischt wurden.

Schon vielfach wurde versucht, die richtige Zusammensetzung herauszufinden. Für mehrere, selbst vorsichtige und erfahrene Forscher wurden die Experimente verhängnisvoll. Sie traten, wie H. P. Duerr schreibt, „einen Flug ohne Rückreisekarte an".

Das subtile Wissen der Hexen ist verloren gegangen. Sie mischten die Bestandteile „mit einer auf der Welt einmaligen Technik" (Leuner); „sie wußten, daß jede einzelne Komponente der Salbe durch das, was wir heute Katalyse nennen, einwirkt ... sie wußten genau, in welcher Form und Dosierung sie die Kräuter verwenden mußten, um die beabsichtigte Wirkung hervorzubringen" (H. A. Hansen).

* *s. folgende Seite*

Denkbare Zutaten für Hexen- und Flugsalben

Alraune: (Mandragora): es werden ihr die wundersamsten Eigenschaften zugeschrieben. Sie soll die Eigenschaft besitzen, dem Manne Liebeskraft, der Frau Fruchtbarkeit zu schenken. Zudem soll sie dem Besitzer zu Reichtum verhelfen.
Bilsenkraut: Alle Teile enthalten das Alkaloid Hyoscyamin, die Samen zudem Skopolamin. Beide Gifte können für gute wie auch üble Zwecke eingesetzt werden. Die getrockneten Blätter werden in der Magie zum Räuchern verwendet, ebenfalls der „Samen, der schläfrig macht".
Buchen- oder Austernpilz: soll die Geschlechtslust anregen.
Eisenkraut: gilt als erotisches Zaubermittel.
Eisenhut/Sturmhut: stark giftig (Akonitin); in vielen Kulturen früher als Pfeilgift benutzt. In der Antike und im Mittelalter das klassische, den Speisen beigemischte Gift, um Könige und andere Prominenz ins Jenseits zu befördern. Die Wurzelteile bestimmter Arten sollen die Liebesfähigkeit steigern und werden den Liebessalben beigegeben.
Kalmus: die Wurzeln sind ein äußerst aromatisches Reizmittel.
Mohn: einschläfernd, erzeugt Halluzinationen.
Raute: um die Lenden gebunden, soll sie gesund und fruchtbar machen. Sonst fördert sie eher die Keuschheit und „soll in Klostergärten angebaut werden". In den Hexensalben ist sie, wie die Teichrose (s. dort), ein Gegengewicht zum überreichen Aphrodisiatikum der andern Pflanzen.
Raygras: giftig, erzeugt Schwindel und Lähmungserscheinungen.
Schierling: stark giftig; enthält vor allem Coniin. Dieses soll, in kleinsten Mengen eingenommen oder in die Haut eingerieben, das Gefühl erzeugen, in der Luft zu schweben.
Hundspetersilie: enthält (in geringer Konzentration) den gleichen Giftstoff wie der Schierling.
Stechapfel: Alle Teile sind giftig, allein schon der Duft der Blüten ist berauschend und kann leichte Vergiftungserscheinungen hervorrufen. „Bei 3/20 einer Unze fühlt sich einer wie vom Teufel besessen, die doppelte Menge erzeugt Halluzinationen und vorübergehende Verrücktheit, bei dreifacher Menge verliert er den Verstand für immer und bei vierfacher tritt der Tod ein" (Paracelsus). Vielfach wird der Stechapfel für Liebestränke und -salben verwendet und auch, „um den Widerstand eines Weibes zu brechen und es gegen seinen Willen sexuell zu erregen".
Salate (giftige Arten): „beschert angenehme Träume".
Teichrose: giftig, „löscht sexuelle Gelüste" (s. Raute).
Tollkirsche (Belladonna): alle Teile sind giftig; fünf Beeren töten einen Menschen. Leichtere Formen der Vergiftung äußern sich in euphorischer Stimmung, der folgende Tiefschlaf wird oft von erotischen Träumen begleitet.
Wolfsmilch: „erzeugt Lust und Liederlichkeit", vor allem aber bewirkt der Saft die Absorption der Salbe durch die Haut.
Als weitere Bestandteile für Hexensalben werden immer wieder Ruß, Weihrauch, Öl, Kinderfett, Fledermausblut und Krötenfleisch genannt. Von allen diesen angeblichen Zutaten enthält nur das Krötenfleisch ein chemisch aktives Gift, das Bufotin.

REGISTER